60 idées *de* Crêpes *et* Galettes

BRUNO BALLUREAU
PHOTOGRAPHIES ALAIN MURIOT

60 *idées* *de* Crêpes *et* Galettes

Flammarion

Sommaire

7 « La première est pour le chien ! »

ENTRÉES

9 Crêpes au foie gras
10 Blinis à la crème de tarama et œufs bicolores
12 Galettes au cabécou et à l'huile d'olive
14 Galettes d'œufs brouillés aux deux saumons
16 Velouté de courgettes, lanières de crêpes et chantilly parfumée
18 Crêpes aux asperges vertes sauce chantilly
20 Aumônières aux petits gris et crème d'ail
22 Salade de crêpes et de harengs marinés à la crème
24 Bouchées de cèpes à l'huile et magrets fumés
26 Maki de crêpes à la mousse de poisson

GALETTES SALÉES

29 Soupe au lait ribot et galettes de blé noir
30 Galettes au poulet, fondue de poireaux à la fourme d'Ambert
32 Crêpes de blé noir au boudin antillais et pommes reinettes
34 Galettes de pommes de terre au jambon de pays
36 Crapiau du Morvan
38 Galettes aux deux saumons
40 Roulés de brandade et poivrons au piment d'Espelette
42 Mousse de brebis en galette, jus de betterave
44 Galettes de volaille gratinées
46 Œufs miroir
48 Feuilletés de galettes et de haddoc au cottage cheese
50 Galettes à l'andouille et étuvée de poireaux
52 Galettes aux fruits de mer
54 Barigoule de lapin et légumes en crêpes
56 Galettes à la mozzarella et herbes de Provence

CRÊPES SALÉES

59 Crêpes aux œufs et beurre d'anch
60 Crêpes aux jambons gratinées
62 Crêpes aux truffes
64 Crêpes aux champignons des bois et œufs mi-cuits
66 Crêpes au roquefort et poires will
68 Ficelles picardes

70 Filets de bar en habits de crêpes

72 Carpaccio de bœuf et crêpes de froment à l'huile d'olive

CRÊPES SUCRÉES

75 Crêpes au nougat glacé et beurre salé

76 Pancakes au sirop d'érable et bleuets

78 Crêpes aux pommes noyées

80 Crêpes soufflées aux fruits confits

82 Crêpes aux mandarines et Grand Marnier

84 Crêpes aux amandes

86 Crêpes aux griottes

88 Flogniardes aux poires et pommes caramélisées

90 Aumônières de framboises et coulis de fruits rouges

92 Gâteau de crêpes

94 Crêpes Suzette

96 Crêpes au chocolat et à la banane

98 Flûtes de crêpe chocolat

100 Crêpes aux figues et crème d'amandes

102 Millefeuilles de poires et crème de nougatine

104 Corolles à la mousse de fraise

106 Crêpes dentelles

108 Crêpes de châtaignes et marrons glacés

CRÊPES DU MONDE

111 Parathas aux épinards et gingembre

112 Crêpes berbères aux dattes

114 Tacos de maïs et guacamole

116 Pancakes aux herbes

118 Galettes islandaises au beurre salé

120 Crêpes au sésame et canard laqué

122 Tortillas aux légumes piquants et carne

124 Chapati au tandoori de poulet et légumes

126 Naan au curry de crevettes

« La première est pour le chien ! »

Je ne suis pas tout à fait sûr qu'il y a 9 000 ans, les chiens aient été domestiqués et encore moins qu'on leur eût donné le moindre morceau de galette, mais l'origine des crêpes et galettes semblent bien remonter jusqu'à cette époque. Loin de leur forme actuelle, il s'agissait plus probablement de bouillie de céréales étalée et séchée sur des pierres plates. Quand donc est venue l'idée, voire l'accident digne des sœurs Tatin ou de l'apprenti de Cambrai, de la faire couler sur une pierre chaude... puis de franchir la grande étape décisive : l'adjonction de l'œuf pour que la véritable crêpe prenne vie.

Elle était probablement de froment ou d'orge, car bien que les galettes de blé noir ou sarrasin aient une apparence plus rustique, l'introduction de cette céréale en provenance d'Asie ne remonte qu'au XIIe siècle et sa véritable culture au XVe, quand la duchesse Agne de Bretagne l'a imposée sur l'ensemble de ses terres.

De cette époque remonte le culte des galettes épaisses, cuites sur une seule face, puis des crêpes fines qui vont peu à peu s'enrichir de lait et de sucre et se parfumer d'épices comme la cannelle ou la fleur d'oranger. La consommation en était journalière et seul le pain, dès le milieu du XIXe, finit par les reléguer comme icônes des jours de fêtes.

La chandeleur, en particulier, qui mérite son nom depuis qu'un pape, il y a 1 500 ans, remplace le vieux rite solaire païen par la fête des chandelles (*candelorum*) et de la lumière. Est-ce la forme ronde de la crêpe qui rappelle la forme du disque solaire, qui a imposé celle-ci lors de la fête ? Associée à une pièce d'or tenue dans la main gauche par l'exécutant tandis que la droite faisait sauter la crêpe, la réussite de l'exercice assurait une année de prospérité et de bonnes récoltes : croyance peu catholique s'il en fut et qui perdure jusqu'à nos jours.

Pour réussir de bonnes crêpes, peu de matériel (mais de bonne qualité) et un tour de main vite acquis suffisent. Tout d'abord, la terrine. En grès, si possible, pour battre les œufs et la farine avant d'ajouter le lait. Un peu de repos pour que la pâte se détende : 1 à 2 heures, pour préparer le reste du repas ! La galétière ou crêpière (dans le meilleur des cas le bilig ou pilig ou tuile qui ressemble au matériel des professionnels) en tôle épaisse qui doit être graissée avec un tampon de coton imbibé d'huile d'arachide ou de colza – bien que les puristes préconisent le lard gras salé ! Une louche adaptée et le rouable – la petite raclette en bois qui permet d'étaler la pâte. Si celle-ci est trop épaisse, ajoutez un peu d'eau : jamais de lait qui la rendrait collante. Rangez les crêpes en pile, au fur et à mesure, sur une assiette posée sur une casserole remplie à moitié d'eau bouillante : elle resteront chaudes et moelleuses ! La dernière cuite, couvrez d'un plat retourné.

Le tour de main s'acquiert très vite... à l'exception de la première crêpe qui reste toujours la plus difficile à doser et à cuire : respectez la tradition et donnez-la au chien !

ENTRÉES

Crêpes au foie gras

Pour 4 personnes

Temps de préparation : 15 minutes
Temps de repos : 2 heures
Temps de cuisson : 40 minutes

Pour la pâte

250 g de farine de sarrasin
2 cuillerées à soupe de farine de froment
1 œuf
1 pincée de sel
1 cuillerée à soupe d'huile de tournesol
5 cl de lait
30 g de beurre

Pour la garniture

400 g de foie gras frais de canard
1 cuillerée à soupe de farine
150 g de raisin blanc pelé
2 cuillerées à soupe de pistaches mondées
10 cl de vin blanc
Sel et poivre du moulin

Mettez les farines dans une jatte, faites un puits au centre, versez l'œuf battu et le sel. Travaillez la pâte en ramenant progressivement la farine au centre et en versant peu à peu de l'eau froide. Quand la pâte prend la consistance d'une mayonnaise épaisse, battez-la vigoureusement au fouet (ou dans le bol d'un robot-mixeur) pendant 10 minutes pour qu'elle soit bien aérée.
Finissez la pâte en l'allongeant d'eau froide jusqu'à ce qu'elle ait la consistance d'une crème fluide. Couvrez d'un linge et réservez 2 heures au frais.
Ajoutez l'huile et le lait dans la pâte, battez au fouet et faites cuire les galettes avec un peu de beurre fondu.
Coupez le foie gras en escalopes épaisses et farinez-les légèrement. Faites-les sauter sans matière grasse, dans une poêle anti-adhésive, jusqu'à ce qu'une croûte dorée se forme. Réservez-les sur un papier absorbant et assaisonnez-les de sel et de poivre.
Dans la même poêle, faites rapidement revenir les raisins et les pistaches. Déglacez avec le vin blanc, laissez réduire quelques secondes et réservez.
Glissez une galette dans la poêle, posez un quart du foie gras au centre, quelques raisins et pistaches et refermez la crêpe en carré. Retournez-la et poursuivez la cuisson 2 minutes. Dressez la crêpe dans une assiette chaude et arrosez-la d'un peu de jus de cuisson des raisins. Gardez au chaud pendant que vous procédez de même pour les autres crêpes.

Blinis à la crème de tarama et œufs bicolores

Pour 4 personnes

Temps de préparation : 15 minutes
Temps de repos : 1 h 25
Temps de cuisson : 20 minutes

Pour la pâte

1 sachet de levure de boulanger
60 cl de lait
250 g de farine
1 pincée de sel
4 œufs
10 cl de crème fleurette
50 g de beurre

Pour la garniture

30 cl de crème fraîche épaisse
150 g de tarama
2 cuillerées à soupe d'œufs de lump rouges
2 cuillerées à soupe d'œufs de lump noirs
1 bouquet d'aneth
Sel et poivre du moulin

Versez la levure dans 10 centilitres de lait tiède et faites-la gonfler 10 minutes.
Réunissez farine et sel dans une jatte et ajoutez au centre les jaunes battus et la levure. Versez progressivement le reste de lait et la crème tiédis en battant au fouet.
Couvrez d'un linge et laissez lever pendant 1 heure au chaud.
Incorporez les blancs battus en neige à la spatule en soulevant la masse. Laissez lever encore 15 minutes.
Enduisez une poêle à blinis d'un peu de beurre fondu et versez une louche de pâte pour que la crêpe fasse un bon centimètre d'épaisseur. Lorsque la surface est sèche, retournez-la avec une spatule plate et finissez la cuisson sur l'autre face.
Mélangez la crème bien froide avec le tarama, quelques brins d'aneth ciselés, les œufs de lump rouges et noirs. Donnez un tour de moulin à poivre et relevez de très peu de sel (les œufs sont salés !).
Au moment de servir, posez une bonne cuillerée de crème sur les blinis tièdes et décorez d'œufs de lump et de pluches d'aneth.

Galettes au cabécou et à l'huile d'olive

Pour 4 personnes

Temps de préparation : 15 minutes
Temps de repos : 2 heures
Temps de cuisson : 40 minutes

Pour la pâte

250 g de farine de sarrasin
2 cuillerées à soupe de farine de froment
1 œuf
1 pincée de sel
1 cuillerée à soupe d'huile de tournesol
5 cl de lait
30 g de beurre

Pour la garniture

150 g de lardons allumettes
4 petits cabécous frais
5 cl d'huile d'olive
1 bouquet de thym frais
Sel et poivre du moulin

Mettez les farines dans une jatte, faites un puits au centre et versez l'œuf battu et le sel. Travaillez la pâte en ramenant progressivement la farine au centre et en versant peu à peu de l'eau froide. Quand la pâte prend la consistance d'une mayonnaise épaisse, battez-la vigoureusement au fouet (ou dans le bol d'un robot-mixeur) pendant 10 minutes pour qu'elle soit bien aérée.
Finissez la pâte en l'allongeant d'eau froide jusqu'à ce qu'elle ait la consistance d'une crème fluide. Couvrez d'un linge et réservez 2 heures au frais.
Faites dorer les petits lardons à la poêle et réservez-les au chaud.
Ajoutez l'huile et le lait dans la pâte, battez au fouet et faites cuire 4 galettes avec un peu de beurre fondu.
Préchauffez le four à 210 °C (th. 7).
Pliez les galettes en carré et répartissez dessus les lardons allumettes. Posez un cabécou au centre de chaque crêpe et badigeonnez-les de quelques gouttes d'huile d'olive. Parsemez de thym, d'un tour de moulin à poivre et d'une pincée de sel.
Glissez au four près de la rampe pour les faire dorer rapidement. Dressez les galettes au chèvre dans les assiettes. Arrosez d'un filet d'huile d'olive crue et servez sans attendre.

Galettes d'œufs brouillés aux deux saumons

Pour 4 personnes

Temps de préparation : 15 minutes
Temps de repos : 2 heures
Temps de cuisson : 40 minutes

Pour la pâte

250 g de farine de sarrasin
2 cuillerées à soupe de farine de froment
1 œuf
1 pincée de sel
1 cuillerée à soupe d'huile de tournesol
5 cl de lait
30 g de beurre

Pour la garniture

6 œufs
1 bouquet d'aneth
200 g de saumon frais
50 g de beurre
10 cl de crème liquide
50 g d'œufs de saumon
Sel et poivre du moulin

Mettez les farines dans une jatte, faites un puits au centre et versez l'œuf battu et le sel. Travaillez la pâte en ramenant progressivement la farine au centre tout en versant peu à peu de l'eau froide. Quand la pâte prend la consistance d'une mayonnaise épaisse, battez-la vigoureusement au fouet (ou dans le bol d'un robot-mixeur) pendant 10 minutes pour qu'elle soit bien aérée.
Finissez la pâte en l'allongeant d'eau froide jusqu'à ce qu'elle ait la consistance d'une crème fluide. Couvrez d'un linge et réservez 2 heures au frais. Ajoutez l'huile et le lait dans la pâte, battez au fouet et faites cuire les galettes avec un peu de beurre fondu.

Dans une jatte, battez les œufs avec une pincée de sel et quelques brins d'aneth.
Ajoutez le saumon coupé en lanières ou petits dés. Faites fondre le beurre à feu très doux dans une casserole, versez les œufs et faites cuire tout doucement sans cesser d'agiter avec une spatule.
Quand les œufs commencent à prendre et s'agglomèrent en masse, versez la crème et finissez la cuisson pendant 1 ou 2 minutes jusqu'à ce que le mélange soit cuit, mais encore souple et onctueux.
Pliez les galettes en cornet et remplissez-les d'œufs brouillés, parsemez d'œufs de saumon et décorez de pluches d'aneth.

Velouté de courgettes, lanières de crêpes et chantilly parfumée

Pour 4 personnes

Temps de préparation : 15 minutes
Temps de repos : 2 heures
Temps de cuisson : 40 minutes

Pour la pâte

250 g de farine
4 œufs
1 pincée de sel
1/2 l de lait
40 g de beurre
Quelques brins de ciboulette
30 g de beurre

Pour la garniture

4 petites courgettes
1 fromage aux herbes (type Boursin)
Quelques brins de cerfeuil
Quelques brins de ciboulette
10 cl de crème fleurette
Sel et poivre du moulin

Mettez la farine dans une jatte, faites un puits au centre et versez les œufs battus et le sel. Travaillez la pâte jusqu'à ce qu'elle soit lisse, puis ajoutez le lait tout en battant. Réservez 2 heures au frais.

Faites chauffer le beurre dans une casserole jusqu'à ce qu'il soit noisette et versez-le dans la pâte avec 1 cuillerée à soupe de ciboulette ciselée. Mélangez au fouet et faites cuire cinq crêpes à la poêle avec un peu de beurre. Réservez-les au frais.

Coupez en dés les courgettes lavées et essuyées et faites-les cuire dans 50 centilitres d'eau pendant environ 15 minutes. Ajoutez les deux tiers du fromage frais en morceaux, 2 cuillerées à soupe de cerfeuil et de ciboulette et passez la cuisson au mixeur ou au moulin à légumes.

Assaisonnez et laissez mijoter à petit feu.

Pendant ce temps, montez la crème (bien froide) en chantilly, et, quand elle est ferme, ajoutez, à la spatule, le reste de fromage frais travaillé à la fourchette pour l'assouplir. Déposez la crème sur une crêpe froide, roulez-la sans serrer, puis coupez-la en quatre tronçons.

Versez le velouté dans des assiettes chaudes, garnissez de lanières de crêpes et posez au centre un tronçon de crêpes à la chantilly parfumée. Décorez de brins de cerfeuil et servez sans attendre.

Crêpes aux asperges vertes sauce chantilly

Pour 4 personnes

Temps de préparation : 15 minutes
Temps de repos : 2 heures
Temps de cuisson : 40 minutes

Pour la pâte

250 g de farine
4 œufs
1 pincée de sel
1/2 l de lait
70 g de beurre

Pour la garniture

1 botte d'asperges sauvages
1 jaune d'œuf
1 cuillerée à soupe de moutarde
15 cl d'huile
1 citron
10 cl de crème fleurette
Quelques brins de ciboulette
2 cuillerées à soupe de pignons de pin
Noix muscade
Sel et poivre du moulin

Mettez la farine dans une jatte, faites un puits au centre et versez les œufs battus et le sel. Travaillez la pâte jusqu'à ce qu'elle soit lisse, puis ajoutez le lait tout en battant. Réservez 2 heures au frais.
Faites chauffer 40 grammes de beurre dans une casserole jusqu'à ce qu'il soit noisette et versez-le dans la pâte. Mélangez au fouet et faites cuire les crêpes à la poêle avec un peu de beurre. Réservez-les au frais.
Faites blanchir les asperges sauvages à grande eau bouillante pendant 2 minutes, puis rafraîchissez-les sous l'eau froide. Égouttez et réservez.
Mélangez le jaune d'œuf et la moutarde dans un bol et versez l'huile en filet tout en fouettant énergiquement. Quand la mayonnaise est bien ferme, ajoutez un filet de jus de citron et réservez.
Montez la crème froide en chantilly et incorporez-la à la mayonnaise avec 2 cuillerées à soupe de ciboulette ciselée.
Badigeonnez quatre crêpes d'un peu de sauce, répartissez les asperges dessus, parsemez de pignons de pin et assaisonnez. Roulez les crêpes bien serré et nouez-les avec des brins de ciboulette blanchis tous les 5 centimètres. Coupez les crêpes en tronçons réguliers et dressez-les sur les assiettes avec 1 cuillerée de sauce chantilly. Décorez d'une pointe d'asperge, de quelques pignons de pin et de ciboulette ciselée.

Aumônières aux petits gris et crème d'ail

Pour 4 personnes

Temps de préparation : 15 minutes
Temps de repos : 2 heures
Temps de cuisson : 40 minutes

Pour la pâte

250 g de farine
4 œufs
1 pincée de sel
1/2 l de lait
40 g de beurre

Pour la garniture

10 gousses d'ail
20 cl de crème fleurette
1 bouquet de persil
48 escargots cuits au naturel
1 citron
Quelques brins de ciboulette
Sel et poivre du moulin

Mettez la farine dans une jatte, faites un puits au centre et versez les œufs battus et le sel. Travaillez la pâte jusqu'à ce qu'elle soit lisse, puis ajoutez le lait tout en battant. Réservez 2 heures au frais.
Pelez les gousses d'ail et versez-les dans une casserole avec 1 verre d'eau et la crème. Faites-les infuser à feu très doux pendant 25 minutes en laissant réduire la crème à bonne consistance.
Faites chauffer 40 grammes de beurre dans une casserole jusqu'à ce qu'il soit noisette et versez-le dans la pâte. Mélangez au fouet et faites cuire quatre crêpes à la poêle avec un peu de beurre.
Réchauffez les escargots, soigneusement rincés et débarrassés de leurs impuretés, dans la sauce. Assaisonnez de sel et de poivre et ajoutez 2 cuillerées à soupe de persil finement ciselé.
Répartissez les escargots au centre des crêpes, fermez-les en aumônières et nouez-les d'un brin de ciboulette blanchie. Posez les aumônières dans des assiettes chaudes et entourez-les d'un cordon de sauce (et éventuellement de quelques escargots réservés).
Servez sans attendre cette surprise au goût très doux où l'ail parfume et rehausse les escargots sans virulence.

Salade de crêpes et de harengs marinés à la crème

Pour 4 personnes

Temps de préparation : 15 minutes
Temps de dessalage : 6 heures
Temps de marinade : 3 heures
Temps de repos : 2 heures
Temps de cuisson : 40 minutes

Pour la pâte

250 g de farine
4 œufs
1 pincée de sel
1/2 l de lait
40 g de beurre
1 bouquet de ciboulette

Pour la garniture

300 g de harengs fumés
1 l de lait
1 oignon rouge
1 pomme
4 cornichons doux
20 cl de crème liquide
1 yaourt
Quelques brins de ciboulette
Sel et poivre du moulin

Faites dessaler les harengs dans le lait froid pendant 6 heures.
Pelez et émincez l'oignon et la pomme. Coupez les cornichons en fines lanières.
Coupez les harengs en morceaux et mélangez-les avec la crème, le yaourt battu, l'oignon et la pomme émincés. Parsemez de cornichons et assaisonnez de sel et de poivre. Laissez mariner au frais quelques heures.
Mettez la farine dans une jatte, faites un puits au centre et versez les œufs battus avec le sel. Travaillez la pâte jusqu'à ce qu'elle soit lisse, puis ajoutez le lait tout en battant. Réservez 2 heures au frais.
Faites chauffer le beurre dans une casserole jusqu'à ce qu'il soit noisette et versez-le dans la pâte avec 2 cuillerées à soupe de ciboulette ciselée. Remuez et faites cuire les crêpes à la poêle avec un peu de beurre. Réservez-les au frais.
Coupez les crêpes en lanières comme des tagliatelles assez fines et versez-les dans le saladier avec les harengs.
Répartissez la salade de crêpes dans les assiettes, parsemez de ciboulette ciselée et servez bien frais.

Bouchées de cèpes à l'huile et magrets fumés

Pour 4 personnes

Temps de préparation : 25 minutes
Temps de repos : 2 heures
Temps de cuisson : 5 minutes

Pour la pâte

250 g de farine
4 œufs
1 pincée de sel
1/2 l de lait
50 g de beurre

Pour la garniture

300 g de petits cèpes à l'huile
1 magret de canard fumé et tranché
Quelques brins de ciboulette
1 cuillerée à soupe de vinaigre balsamique
50 g de tomates séchées
Sel et poivre du moulin

Mettez la farine dans une jatte, faites un puits au centre et versez les œufs battus et le sel. Travaillez la pâte jusqu'à ce qu'elle soit lisse, puis ajoutez le lait tout en battant. Réservez 2 heures au frais.
Faites chauffer le beurre dans une casserole jusqu'à ce qu'il soit noisette et versez-le dans la pâte. Remuez au fouet et faites cuire les crêpes à la poêle avec un peu de beurre.
Découpez les crêpes en bandes de 3 centimètres. Égouttez les cèpes et enroulez-les dans les bandes de crêpes. Entourez chaque bouchée avec des tranches de magret fumé et maintenez-les avec un brin de ciboulette blanchi.
Faites une petite vinaigrette avec 2 cuillerées à soupe d'huile des champignons et le vinaigre balsamique. Arrosez les bouchées, parsemez de ciboulette ciselée et dressez-les dans des assiettes.
Entourez d'un cordon de sauce et décorez de quelques quartiers de tomates séchées.

Maki de crêpes à la mousse de poisson

Pour 4 personnes

Temps de préparation : 25 minutes
Temps de repos : 2 heures
Temps de cuisson : 5 minutes

Pour la pâte

250 g de farine
4 œufs
1 pincée de sel
1/2 l de lait
50 g de beurre

Pour la garniture

6 tranches de saumon fumé
Quelques brins d'aneth
20 cl de crème fleurette
1 citron
1 cuillerée à soupe d'œufs de saumon
1 cuillerée à soupe d'œufs de lump
8 olives noires
3 cornichons
3 radis roses
Sel et poivre du moulin

Mettez la farine dans une jatte, faites un puits au centre et versez les œufs battus et le sel. Travaillez la pâte jusqu'à ce qu'elle soit lisse, puis ajoutez le lait tout en battant. Réservez 2 heures au frais.

Faites chauffer le beurre dans une casserole jusqu'à ce qu'il soit noisette et versez-le dans la pâte. Remuez au fouet et faites cuire les crêpes à la poêle avec un peu de beurre. Réservez-les au frais.

Mixez finement les tranches de saumon fumé avec 1 cuillerée à soupe d'aneth ciselée. Réservez au froid.

Montez la crème fleurette bien froide en chantilly et incorporez, à la spatule, le saumon fumé en soulevant la masse. Assaisonnez de sel, de poivre et d'un filet de jus de citron.

Tartinez quatre crêpes de ce mélange et roulez-les sans serrer.

Coupez-les en tronçons de 3 centimètres et dressez-les sur des assiettes froides.

Décorez chaque sushi d'un peu d'œufs de saumon, d'œufs de lump, d'olives noires finement émincées ou de fines lanières de radis roses.

Réservez au frais jusqu'au moment de servir et décorez de quelques pluches d'aneth.

GALETTES SALÉES

Soupe au lait ribot et galettes de blé noir

Pour 4 personnes

Temps de préparation : 20 minutes
Temps de repos : 1 heure
Temps de cuisson : 40 minutes

Pour la pâte

100 g de farine de sarrasin
1 œuf
15 cl de lait
30 g de beurre
1 pincée de sel

Pour la garniture

400 g de pommes de terre
1,5 l de lait ribot
Quelques brins de ciboulette

Mettez la farine dans une jatte, faites un puits au centre et versez l'œuf battu avec le sel et 10 centilitres d'eau. Travaillez la pâte jusqu'à ce qu'elle soit lisse. Réservez 1 heure au frais.
Faites cuire les pommes de terre, en les démarrant à l'eau froide, pendant 30 minutes.
Remuez la pâte et faites cuire quatre grandes galettes à la poêle avec un peu de beurre. Réservez-les au chaud. Coupez-les en lanières ou en morceaux.
Pelez les pommes de terre, coupez-les en quartiers et répartissez-les dans des bols. Versez le lait ribot sur les pommes de terre chaudes, répartissez les galettes tièdes et parsemez de ciboulette ciselée.
Traditionnellement, ce plat se sert avec du caillé de vache légèrement sucré.

Conseil : à défaut de lait ribot (fait à partir de babeurre fermenté, légèrement aigre), servez-vous de lait fermenté en vente dans les épiceries orientales.

Galettes au poulet, fondue de poireaux à la fourme d'Ambert

Pour 4 personnes

Temps de préparation : 15 minutes
Temps de repos : 2 heures
Temps de cuisson : 40 minutes

Pour la pâte

250 g de farine de sarrasin
2 cuillerées à soupe de farine de froment
1 œuf
1 pincée de sel
1 cuillerée à soupe d'huile de tournesol
5 cl de lait

Pour la garniture

3 blancs de poulet cuits
4 poireaux moyens
50 g de beurre
15 cl de crème liquide
150 g de fourme d'Ambert
Sel et poivre du moulin

Mettez les farines dans une jatte, faites un puits au centre et versez les œufs battus et le sel. Travaillez la pâte en ramenant progressivement la farine au centre et en versant peu à peu de l'eau froide. Quand la pâte prend la consistance d'une mayonnaise épaisse, battez-la vigoureusement au fouet (ou dans le bol d'un robot-mixeur) pendant 10 minutes pour qu'elle soit bien aérée.
Finissez la pâte en l'allongeant d'eau froide jusqu'à ce qu'elle ait la consistance d'une crème fluide. Couvrez d'un linge et réservez 2 heures au frais.
Émincez les poireaux finement et faites-les fondre dans une poêle avec le beurre pendant 10 minutes. Ajoutez la crème puis la fourme d'Ambert écroûtée et coupée en morceaux. Assaisonnez de sel et de poivre. Laissez fondre le mélange à feu doux en tournant avec une spatule, puis posez dessus les blancs de poulet émincés pour les réchauffer. Réservez au chaud.
Ajoutez l'huile et le lait dans la pâte, battez au fouet et faites cuire les galettes avec un peu de beurre fondu.
Pliez les galettes en carré, posez-les dans des assiettes bien chaudes et garnissez le centre de fondue de poireaux. Répartissez les lamelles de poulet sur les galettes et le reste de poireaux sur les assiettes. Déglacez la poêle avec un peu d'eau et le reste de crème, puis nappez les galettes avant de servir bien chaud.

Crêpes de blé noir au boudin antillais et pommes reinettes

Pour 4 personnes

Temps de préparation : 30 minutes
Temps de repos : 3 heures
Temps de cuisson : 25 minutes

Pour la pâte

100 g de farine de blé
100 g de farine de sarrasin
4 œufs extra frais
1 pincée de sel
40 g de beurre doux
50 cl de lait bouilli et tiédi

Pour la garniture

2 pommes reinettes
30 g de beurre doux
15 g de sucre roux en poudre
6 boudins antillais
Quelques brins de ciboulette
40 g de beurre salé

Versez les farines dans une terrine. Mélangez-les avec une pincée de sel et faites un puits au centre. Ajoutez 3 œufs entiers et 1 jaune battu, puis 40 grammes de beurre fondu et battez vigoureusement en versant le lait progressivement jusqu'à ce que la pâte soit homogène et fluide. Laissez reposer pendant 3 heures.

Pelez les pommes, enlevez le cœur et coupez-les en quartiers. Faites-les sauter dans 30 grammes de beurre jusqu'à ce qu'elles soient dorées sur leurs deux faces. Saupoudrez avec le sucre et faites-les caraméliser à feu vif. Réservez.

Battez le blanc d'œuf restant et incorporez-le à la pâte. Faites cuire les galettes dans une poêle graissée à feu doux sans les dessécher. Dans une autre poêle, faites cuire, à feu doux, les boudins antillais jusqu'à ce que leur peau éclate. Poursuivez la cuisson pendant 3 ou 4 minutes en les écrasant grossièrement. Ajoutez 2 cuillerées à soupe de ciboulette ciselée et réservez au chaud.

Dans la crêpière, faite réchauffer une galette et posez au centre un morceau de boudin et quelques quartiers de pommes confites. Pliez la crêpe en deux et finissez la cuisson en la retournant sur l'autre face.

Réservez au chaud et arrosez les crêpes, au moment de servir, d'un peu de beurre salé fondu. Parsemez de brins de ciboulette.

Merci à l'éminent William Ropp pour cette recette bretonne aux accents d'outre-mer, pour laquelle il proscrit le beurre cuit, prétendant que ses ancêtres y ont succombé par excès de sa consommation.

Galettes de pommes de terre au jambon de pays

Pour 4 personnes

Temps de préparation : 30 minutes
Temps de cuisson : 25 minutes

400 g de pommes de terre
3 œufs
60 g de beurre
150 g de jambon cru
100 g d'oignons nouveaux
Quelques brins de ciboulette
Sel et poivre du moulin

Faites cuire les pommes de terre pelées pendant 6 à 7 minutes dans l'eau bouillante salée.
Égouttez-les et râpez-les dans une jatte. Ajoutez les œufs, le beurre ramolli, le jambon coupé en fines lanières et les oignons émincés. Travaillez la pâte à la spatule, assaisonnez de sel et de poivre et parsemez de ciboulette ciselée. La pâte doit être souple et semi-liquide ; si elle est trop ferme (cela tient à la consistance des pommes de terre), vous pouvez l'allonger d'un peu de lait.
Graissez une poêle et faites cuire une galette épaisse à feu très doux pour ne pas la brûler. Après 10 minutes de cuisson, retournez la galette en vous aidant d'une assiette. Vous pouvez également la cuire dans des poêles à blini en portions individuelles et les réservez au chaud pendant la cuisson des suivantes.
Servez les galettes parsemées de ciboulette et de tranches de jambon cru.

Crapiau du Morvan

Pour 4 personnes

Temps de préparation : 30 minutes
Temps de repos : 1 heure
Temps de cuisson : 25 minutes

200 g de farine
3 œufs
1 pincée de sel fin
25 cl de lait
200 g d'oignons nouveaux
60 g de beurre
150 g de petits lardons
Quelques brins de ciboulette

Versez la farine dans une terrine. Mélangez avec une pincée de sel et faites un puits au centre. Ajoutez 3 jaunes d'œufs et battez vigoureusement en versant le lait progressivement jusqu'à ce que la pâte soit homogène et assez épaisse. Laissez reposer 1 heure.
Pendant ce temps, faites revenir les petits oignons nouveaux émincés avec 30 grammes de beurre dans une poêle anti-adhésive sans les colorer. Ajoutez les lardons et laissez cuire pendant 5 minutes.
Préchauffez le four à 210 °C (th. 7).
Battez les 3 blancs d'œufs en neige ferme et incorporez-les à la pâte à la spatule avec 2 cuillerées à soupe de ciboulette ciselée.
Dispersez le reste de beurre sur la garniture et versez la pâte sur les oignons. Laissez cuire à feu très doux pendant 10 minutes, puis glissez la poêle dans le four en laissant dépasser le manche et en le protégeant, si besoin, de papier d'aluminium.
Faites dorer la surface du crapiau pendant 10 minutes, puis finissez la cuisson à nouveau sur le feu pendant 1 ou 2 minutes pour qu'elle se décolle facilement. Servez le crapiau en portions avec une salade frisée bien relevée.

Galettes aux deux saumons

Pour 4 personnes

Temps de préparation : 15 minutes
Temps de repos : 2 heures
Temps de cuisson : 40 minutes

Pour la pâte

250 g de farine de sarrasin
2 cuillerées à soupe de farine de froment
1 œuf
1 pincée de sel
1 cuillerée à soupe d'huile de tournesol
5 cl de lait

Pour la garniture

4 pavés de saumon de 150 g
30 g de beurre
4 tranches de saumon fumé
100 g de champignons
20 cl de crème liquide
Quelques brins d'aneth
Sel et poivre du moulin

Mettez les farines dans une jatte, faites un puits au centre et versez l'œuf battu et le sel. Travaillez la pâte en ramenant progressivement la farine au centre tout en versant peu à peu de l'eau froide. Quand la pâte prend la consistance d'une mayonnaise épaisse, battez-la vigoureusement au fouet pendant 10 minutes. Allongez-la d'eau froide jusqu'à ce qu'elle ait la consistance d'une crème fluide. Réservez 2 heures au frais.
Ajoutez l'huile et le lait dans la pâte, battez au fouet et faites cuire quatre grandes galettes avec un peu de beurre fondu.
Faites dorer les pavés de saumon dans une poêle anti-adhésive avec le beurre, 1 minute sur chaque face pour qu'ils restent roses à l'intérieur. Assaisonnez-les de sel et poivre. Réservez.
Découpez les tranches de saumon en lanières et nettoyez les champignons. Découpez-les en lamelles et faites-les sauter dans la poêle. Quand ils sont dorés, ajoutez la crème et les lanières de saumon.
Faites chauffer doucement.
Posez les pavés au centre des crêpes, nappez de sauce et parsemez d'aneth. Repliez les crêpes en carré et finissez la cuisson au four pendant 10 minutes à 210 °C (th. 7).

Roulés de brandade et poivrons au piment d'Espelette

Pour 4 personnes

Temps de préparation : 15 minutes
Temps de repos : 2 heures
Temps de réfrigération : 3 heures
Temps de cuisson : 15 minutes

Pour la pâte

250 g de farine de sarrasin
2 cuillerées à soupe de farine de froment
1 œuf
1 pincée de sel
2 cuillerées à soupe d'huile de tournesol
5 cl de lait
30 g de beurre

Pour la garniture

500 g de morue dessalée
10 cl de lait
15 cl d'huile d'olive
1 citron
1 cuillerée à soupe de piment d'Espelette en poudre
2 boîtes de poivrons rouges pelés

Mettez les farines dans une jatte, faites un puits au centre et versez l'œuf battu et le sel. Travaillez la pâte avec un peu d'eau. Battez-la vigoureusement pendant 10 minutes pour qu'elle soit bien aérée. Finissez la pâte en l'allongeant d'eau froide jusqu'à ce qu'elle ait la consistance d'une crème fluide. Couvrez et réservez 2 heures au frais.
Dans une grande casserole, disposez la morue rincée et coupée en morceaux. Couvrez d'eau froide et portez à ébullition. Laissez cuire à petits frémissements pendant 10 minutes. Égouttez, puis retirez la peau et les arêtes.
Chauffez séparément le lait et l'huile. Versez un peu d'huile chaude dans une cocotte. Ajoutez la morue effeuillée, mélangez à la spatule jusqu'à obtenir une consistance pâteuse. Placez la cocotte sur feu doux et versez en alternance l'huile et le lait. Battez-les comme pour une mayonnaise pendant 10 minutes. Lorsque le mélange est crémeux, ajoutez le jus de citron et le piment d'Espelette.
Ajoutez l'huile et le lait dans la pâte à crêpe, battez au fouet et faites cuire quatre galettes avec un peu de beurre fondu. Masquez-les d'une fine couche de brandade, déposez dessus des lamelles de poivron pelé et roulez le tout. Emballez dans un film alimentaire bien serré et réservez 3 heures au frais.
Coupez les galettes en tronçons et dressez-les. Décorez de salade, d'un filet d'huile d'olive et de quelques petits dés de poivron.

Mousse de brebis en galette, jus de betterave

Pour 4 personnes

Temps de préparation : 15 minutes
Temps de repos : 2 heures
Temps de cuisson : 15 minutes

Pour la pâte

250 g de farine de sarrasin
2 cuillerées à soupe de farine de froment
1 œuf
1 pincée de sel
2 cuillerées à soupe d'huile de tournesol
5 cl de lait
30 g de beurre

Pour la garniture

200 g de brebis frais
1 bouquet de ciboulette
25 cl de crème fraîche
1 betterave crue
5 cl d'huile d'olive
2 cuillerées à soupe de vinaigre de vin rouge
1 cuillerée à café de moutarde
Sel et poivre du moulin

Mettez les farines dans une jatte, faites un puits au centre et versez l'œuf battu et le sel. Travaillez la pâte avec un peu d'eau. Battez-la vigoureusement pendant 10 minutes pour qu'elle soit bien aérée. Finissez la pâte en l'allongeant d'eau froide jusqu'à ce qu'elle ait la consistance d'une crème fluide. Couvrez et réservez 2 heures au frais.
Ajoutez l'huile et le lait dans la pâte à crêpe, battez au fouet et faites cuire quatre galettes avec un peu de beurre fondu.
Écrasez le fromage frais à la fourchette avec de la ciboulette ciselée finement. Montez la crème bien froide en chantilly ferme et mélangez à la spatule. Rectifiez l'assaisonnement en sel et poivre et réservez au frais.
Pelez la betterave et coupez-la en tranches très fines. Faites-en frire environ trois par personne dans de l'huile d'olive très chaude. Émincez le reste de betterave en fine julienne. Versez-la dans une casserole, ajoutez le vinaigre et un verre d'eau. Faites cuire jusqu'à ce qu'elle soit tendre et le jus réduit. Façonnez les galettes en cornet ou chemisez un cercle, posez-les dans les assiettes et remplissez-les de mousse de brebis. Décorez avec les chips et la julienne de betterave et faites un cordon de vinaigrette rouge montée avec le jus de cuisson, la moutarde et l'huile d'olive.

Galettes de volaille gratinées

Pour 4 personnes

Temps de préparation : 15 minutes
Temps de repos : 2 heures
Temps de cuisson : 40 minutes

Pour la pâte

250 g de farine de sarrasin
2 cuillerées à soupe de farine de froment
1 œuf
1 pincée de sel
1 cuillerée à soupe d'huile de tournesol
5 cl de lait
30 g de beurre

Pour la garniture

20 g de farine
60 g de beurre
15 cl de lait
200 g de champignons de Paris
4 blancs de poulet cuits
150 g d'emmental râpé
10 cl de crème liquide
1 bouquet de persil
Noix muscade
Sel et poivre du moulin

Mettez les farines dans une jatte, faites un puits au centre et versez l'œuf battu et le sel. Travaillez la pâte en ramenant progressivement la farine au centre et en versant peu à peu de l'eau froide. Quand la pâte prend la consistance d'une mayonnaise épaisse, battez-la vigoureusement au fouet pendant 10 minutes. Allongez-la d'eau froide jusqu'à ce qu'elle ait la consistance d'une crème fluide. Réservez 2 heures au frais.

Ajoutez l'huile et le lait dans la pâte, battez au fouet et faites cuire les galettes avec un peu de beurre fondu.

Faites doucement cuire la farine avec le beurre dans une casserole jusqu'à ce que le mélange blondisse. Versez le lait d'un seul coup et laissez épaissir à feu doux. Quand la sauce est au point, assaisonnez de sel, de poivre et de muscade, puis ajoutez la crème et réservez au chaud.

Coupez les champignons en quatre et faites-les sauter dans une poêle avec 20 grammes de beurre jusqu'à ce qu'ils soient dorés. Ajoutez les blancs de poulet coupés en dés, puis assaisonnez de sel et de poivre et parsemez de persil ciselé.

Répartissez le mélange au centre des crêpes, nappez de 4 cuillerées à soupe de béchamel, parsemez d'emmental râpé et repliez les crêpes en carré.

Faites gratiner au four pendant 10 minutes à 210 °C (th. 7) et servez sans attendre.

Œufs miroir

Pour 4 personnes

Temps de préparation : 15 minutes
Temps de repos : 2 heures
Temps de cuisson : 20 minutes

Pour la pâte

250 g de farine de sarrasin
2 cuillerées à soupe de farine de froment
1 œuf
1 pincée de sel
1 cuillerée à soupe d'huile de tournesol
5 cl de lait
30 g de beurre demi-sel

Pour la garniture

4 œufs extra frais
40 g de beurre demi-sel
10 cl de crème liquide
Poivre du moulin

Mettez les farines dans une jatte, faites un puits au centre et versez l'œuf battu et le sel. Travaillez la pâte en ramenant progressivement la farine au centre en versant peu à peu de l'eau froide. Quand la pâte prend la consistance d'une mayonnaise épaisse, battez-la vigoureusement au fouet pendant 10 minutes. Allongez-la d'eau froide jusqu'à ce qu'elle ait la consistance d'une crème fluide. Réservez 2 heures au frais.
Cassez les œufs dans des tasses pour qu'il soient plus faciles à manipuler.
Ajoutez l'huile et le lait dans la pâte et battez au fouet. Versez une louche de pâte dans la poêle et faites cuire la galette avec un peu de beurre demi-sel pendant 30 secondes. Retournez-la, passez un peu de beurre fondu au pinceau et versez délicatement 1 œuf au centre. Laissez cuire à feu doux jusqu'à ce que le blanc soit pris en masse. Rabattez les bords sans couvrir le jaune et finissez la cuisson pendant 1 minute.
Servez dans des assiettes chaudes avec un trait de crème et un tour de moulin à poivre.

Feuilletés de galettes et de haddock au cottage cheese

Pour 4 personnes

Temps de préparation : 15 minutes
Temps de repos : 2 heures
Temps de cuisson : 20 minutes

Pour la pâte

250 g de farine de sarrasin
2 cuillerées à soupe de farine de froment
1 œuf
1 pincée de sel
1 cuillerée à soupe d'huile de tournesol
5 cl de lait
30 g de beurre

Pour la garniture

400 g de haddock fumé
50 cl de lait
2 oignons nouveaux
1 bouquet de persil
250 g de cottage cheese
Quelques brins de ciboulette
15 cl de crème liquide
1/2 citron
Sel et poivre du moulin

Mettez les farines dans une jatte, faites un puits au centre et versez l'œuf battu et le sel. Travaillez la pâte en ramenant progressivement la farine au centre et en versant peu à peu de l'eau froide. Quand la pâte prend la consistance d'une mayonnaise épaisse, battez-la vigoureusement au fouet pendant 10 minutes. Allongez-la d'eau froide jusqu'à ce qu'elle ait la consistance d'une crème fluide.
Réservez 2 heures au frais.
Ajoutez l'huile et le lait dans la pâte, battez au fouet et faites cuire quatre grandes galettes avec un peu de beurre fondu. Pendant qu'elles sont encore chaudes, découpez, avec un emporte pièce, des disques de 6 à 7 centimètres de diamètre.
Faites pocher le haddock pendant 20 minutes dans 50 centilitres d'eau et le lait. Égouttez et laissez complètement refroidir. Pelez les oignons et émincez-les très finement. Lavez les herbes et hachez-les finement. Réunissez dans une jatte le fromage blanc, les herbes et les oignons. Mélangez et assaisonnez.
Posez un disque de crêpe dans une assiette, faites une couche de haddock un peu écrasé, posez un autre disque et faites une couche de cottage cheese aux herbes, puis encore une couche de haddock. Terminez par une crêpe. Réservez au frais.
Battez légèrement la crème liquide, ajoutez 1 cuillerée à soupe d'herbes ciselées et quelques gouttes de jus de citron. Faites un cordon de sauce autour du feuilleté et servez bien frais.

Galettes à l'andouille et étuvée de poireaux

Pour 4 personnes

Temps de préparation : 20 minutes
Temps de repos : 2 heures
Temps de cuisson : 25 minutes

Pour la pâte

250 g de farine de sarrasin
2 cuillerées à soupe de farine de froment
1 œuf
1 pincée de sel
2 cuillerées à soupe d'huile de tournesol
5 cl de lait
30 g de beurre

Pour la garniture

4 petits poireaux
3 oignons nouveaux
50 g de beurre
5 cl de vin blanc
15 cl de crème
16 tranches d'andouille (soit 300 g)
1 bouquet de persil plat
Sel et poivre du moulin

Mettez les farines dans une jatte, faites un puits au centre et versez l'œuf battu avec le sel. Travaillez la pâte avec un peu d'eau. Battez-la vigoureusement pendant 10 minutes pour qu'elle soit bien aérée.
Finissez la pâte en l'allongeant d'eau froide jusqu'à ce qu'elle ait la consistance d'une crème fluide. Couvrez et réservez 2 heures au frais.
Raccourcissez les poireaux et lavez-les soigneusement. Coupez-les en fines rondelles et rincez-les à nouveau. Pelez et émincez les oignons.
Faites doucement suer les poireaux et les oignons dans une poêle avec le beurre pendant 5 minutes. Versez le vin et laissez réduire presque à sec. Assaisonnez de sel et de poivre, puis ajoutez la crème fraîche et faites réchauffer les tranches d'andouille dans la sauce. Laissez mijoter pendant la cuisson des galettes.
Ajoutez l'huile et le lait dans la pâte, battez au fouet et faites cuire quatre galettes avec un peu de beurre fondu.
Posez-les sur des assiettes très chaudes et répartissez le mélange poireaux/andouille au centre de chacune. Nappez de sauce et décorez d'un peu de persil ciselé. Servez sans attendre.

Galettes aux fruits de mer

Pour 4 personnes

Temps de préparation : 15 minutes
Temps de repos : 2 heures
Temps de cuisson : 15 minutes

Pour la pâte

250 g de farine de sarrasin
2 cuillerées à soupe de farine de froment
1 œuf
1 pincée de sel
2 cuillerées à soupe d'huile de tournesol
5 cl de lait
30 g de beurre

Pour la garniture

1 l de moules de bouchot
5 cl de vin blanc
12 noix de saint-jacques
50 g de beurre
12 grosses crevettes
25 cl de crème fraîche
Pistil de safran
Quelques brins de cerfeuil
Sel et poivre du moulin

Mettez les farines dans une jatte, faites un puits au centre et versez l'œuf battu et le sel. Travaillez la pâte avec un peu d'eau. Battez-la vigoureusement pendant 10 minutes pour qu'elle soit bien aérée.

Finissez la pâte en l'allongeant d'eau froide jusqu'à ce qu'elle ait la consistance d'une crème fluide. Couvrez et réservez 2 heures au frais.

Faites ouvrir les moules dans une casserole couverte avec le vin blanc et un verre d'eau. Décoquillez-les et faites réduire leur jus de cuisson jusqu'à consistance sirupeuse. Faites sauter rapidement les noix de saint-jacques dans du beurre avec les crevettes décortiquées et réservez-les. Déglacez la poêle avec le jus réduit, ajoutez la crème et le safran et rectifiez l'assaisonnement. Versez les fruits de mer dans la sauce et laissez mijoter pendant la cuisson des galettes.

Ajoutez l'huile et le lait dans la pâte à crêpe, battez au fouet et faites cuire quatre galettes avec un peu de beurre fondu.

Dressez les galettes dans des assiettes très chaudes et répartissez les fruits de mer au centre de chacune. Nappez de sauce, parsemez de cerfeuil et refermez-les pour qu'elles restent chaudes.

Barigoule de lapin et légumes en crêpes

Pour 4 personnes

Temps de préparation : 15 minutes
Temps de repos : 2 heures
Temps de cuisson : 15 minutes

Pour la pâte

250 g de farine de sarrasin
2 cuillerées à soupe de farine de froment
1 œuf
1 pincée de sel
2 cuillerées à soupe d'huile de tournesol
5 cl de lait
30 g de beurre

Pour la garniture

2 râbles de lapin
3 oignons nouveaux
1 courgette
1 aubergine
1 poivron
10 cl de vin blanc
5 cl d'huile d'olive
Quelques brindilles de thym
Sel et poivre du moulin

Mettez les farines dans une jatte, faites un puits au centre et versez l'œuf battu et le sel. Travaillez la pâte avec un peu d'eau. Battez-la vigoureusement pendant 10 minutes pour qu'elle soit bien aérée.
Finissez la pâte en l'allongeant d'eau froide jusqu'à ce qu'elle ait la consistance d'une crème fluide. Couvrez et réservez 2 heures au frais.
Levez les filets des râbles de lapin et coupez-les en noisettes. Lavez les légumes et coupez-les en gros dés. Pelez et émincez les oignons.
Faites doucement revenir les noisettes de lapin dans une poêle. Ajoutez les oignons puis les légumes et faites sauter à feu vif pendant 10 minutes.
Déglacez avec le vin blanc et laissez mijoter pendant encore 10 minutes. Assaisonnez de sel, de poivre et de thym.
Ajoutez l'huile et le lait dans la pâte, battez au fouet et faites cuire quatre galettes avec un peu de beurre fondu.
Dressez les galettes dans des assiettes très chaudes et répartissez, au centre de chacune, les noisettes de lapin et les légumes compotés.
Arrosez d'un peu de jus de cuisson, d'un filet d'huile d'olive et décorez d'un brin de thym.

Galettes à la mozzarella et herbes de Provence

Pour 4 personnes

Temps de préparation : 15 minutes
Temps de repos : 2 heures
Temps de cuisson : 15 minutes

Pour la pâte

250 g de farine de sarrasin
2 cuillerées à soupe de farine de froment
1 œuf
1 pincée de sel
2 cuillerées à soupe d'huile de tournesol
5 cl de lait

Pour la garniture

10 tomates cocktail
3 oignons nouveaux
1 boule de mozzarella de bufflonne
5 cl d'huile d'olive
250 g de tomates concassées au naturel
1 bouquet de thym frais
1 boîte de filets d'anchois à l'huile
Sel et poivre du moulin

Mettez les farines dans une jatte, faites un puits au centre et versez l'œuf battu et le sel. Travaillez la pâte avec un peu d'eau. Battez-la vigoureusement pendant 10 minutes pour qu'elle soit bien aérée.
Finissez la pâte en l'allongeant d'eau froide jusqu'à ce qu'elle ait la consistance d'une crème fluide. Couvrez et réservez 2 heures au frais.
Émincez les tomates, les oignons nouveaux et le vert de leurs tiges ainsi que la boule de mozzarella en très fines lamelles.
Versez l'huile d'olive dans une casserole, ajoutez les oignons émincés, sans le vert, et faites dorer 3 minutes. Ajoutez la concassée de tomates, quelques tiges de thym frais et assaisonnez de sel et poivre. Faites cuire pendant 30 minutes pour bien réduire.
Préchauffez le four à 240 °C (th. 8).
Ajoutez l'huile et le lait dans la pâte à crêpe, battez au fouet et faites cuire quatre grandes galettes avec un peu de beurre fondu.
Dressez les crêpes passant au four, badigeonnez-les de tomates réduites, répartissez les rondelles de tomates, les lamelles de mozzarella et les filets d'anchois. Parsemez de fleur de thym et passez au four pendant 5 minutes.
Au moment de servir, arrosez de quelques gouttes d'huile parfumée des anchois et servez sans attendre.

CRÊPES SALÉES

Crêpes aux œufs et beurre d'anchois

Pour 4 personnes

Temps de préparation : 15 minutes
Temps de repos : 2 heures
Temps de cuisson : 45 minutes

Pour la pâte

250 g de farine
4 œufs
1 pincée de sel
1/2 l de lait
50 g de beurre

Pour la garniture

4 œufs (ou 12 œufs de caille)
1 cuillerée à soupe de crème d'anchois
40 g de beurre
25 cl de lait
10 cl de crème fraîche épaisse
20 g de farine
100 g d'emmental râpé
Sel et poivre du moulin

Mettez la farine dans une jatte, faites un puits au centre et versez les œufs battus et le sel. Travaillez la pâte jusqu'à ce qu'elle soit lisse, puis ajoutez le lait tout en battant. Réservez 2 heures au frais.
Faites durcir les œufs et laissez-les refroidir avant de les écaler. Mélangez la crème d'anchois avec 20 grammes de beurre mou.
Faites chauffer 30 grammes de beurre dans une casserole jusqu'à ce qu'il soit noisette et versez-le dans la pâte. Remuez et faites cuire quatre grandes crêpes à la poêle avec un peu de beurre. Réservez-les au chaud.
Faites fondre 20 grammes de beurre dans une casserole, ajoutez la farine et quand le roux est blond, versez le lait d'un coup. Laissez épaissir, salez et poivrez et ajoutez la crème épaisse et le beurre d'anchois (la béchamel ne doit pas être liquide).
Hachez grossièrement les œufs et répartissez-les au centre des crêpes. Nappez de béchamel au beurre d'anchois et refermez-les en carré. Parsemez de fromage râpé et passez-les au four pendant 5 minutes.

Crêpes aux jambons gratinées

Pour 4 personnes

Temps de préparation : 15 minutes
Temps de repos : 2 heures
Temps de cuisson : 40 minutes

Pour la pâte

250 g de farine
4 œufs
1 pincée de sel
1/2 l de lait
50 g de beurre

Pour la garniture

20 g de farine
40 g de beurre
15 cl de lait
10 cl de crème liquide
2 échalotes
300 g de dés de jambon cuit
4 fines tranches de jambon cru
75 g de parmesan
Quelques brins de cerfeuil
Noix muscade
Sel et poivre du moulin

Mettez la farine dans une jatte, faites un puits au centre et versez les œufs battus et le sel. Travaillez la pâte jusqu'à ce qu'elle soit lisse, puis ajoutez le lait tout en battant. Réservez 2 heures au frais.
Faites chauffer le beurre dans une casserole jusqu'à ce qu'il soit noisette et versez-le dans la pâte. Remuez et faites cuire les crêpes à la poêle avec un peu de beurre. Réservez-les au chaud.
Faites doucement cuire la farine avec 20 grammes de beurre dans une casserole jusqu'à ce que le mélange blondisse. Versez le lait d'un seul coup et laissez épaissir à feu doux. Quand la sauce est au point, assaisonnez de sel, de poivre et de muscade, puis ajoutez la crème et réservez au chaud.
Faites fondre les échalotes émincées dans une poêle avec 20 grammes de beurre jusqu'à ce qu'elles soient dorées, puis ajoutez les dés de jambon cuit et 2 tranches de jambon cru coupées en lanières.
Assaisonnez de très peu de sel, de poivre et parsemez de cerfeuil ciselé.
Répartissez le jambon sur les crêpes et nappez de 4 cuillerées à soupe de béchamel. Parsemez de parmesan râpé et roulez les crêpes. Déposez-les dans un plat à four, masquez-les d'une légère couche de béchamel et couvrez de lanières de jambon cru. Saupoudrez du reste de parmesan râpé et faites gratiner les crêpes au four pendant 10 minutes à 210 °C (th. 7).

Crêpes aux truffes

Pour 4 personnes

Temps de préparation : 15 minutes
Temps de repos : 2 heures
Temps de cuisson : 20 minutes

150 g de farine
1 pincée de sel fin
2 œufs
4 cuillerées à soupe de jus de truffe
70 g de beurre
1/2 l de lait
1 truffe

Versez la farine dans une jatte. Mélangez avec une pincée de sel et faites un puits au centre. Ajoutez les œufs entiers, le jus de truffe, puis 40 grammes de beurre fondu. Battez vigoureusement en versant le lait progressivement jusqu'à ce que la pâte soit homogène et fluide. Laissez reposer pendant 2 heures.
Pelez la truffe et émincez-la en fines lamelles. Coupez-les en bâtonnets et incorporez-les dans la pâte.

Faites chauffer une poêle à blinis et badigeonnez-la de beurre fondu. Faites cuire les crêpes à feu doux pour ne pas les brûler et réservez-les sur une assiette posée sur une casserole d'eau très chaude pour les maintenir à température.
Servez ces crêpes avec une volaille truffée ou une viande rouge poêlée pour laquelle vous pourrez utilisez les brisures de truffes pour parfumez la sauce.

Crêpes aux champignons des bois et œufs mi-cuits

Pour 4 personnes

Temps de préparation : 15 minutes
Temps de repos : 2 heures
Temps de cuisson : 40 minutes

Pour la pâte

250 g de farine
4 œufs
1 pincée de sel
1/2 l de lait
50 g de beurre

Pour la garniture

4 œufs extra frais
600 g de champignons des bois
10 cl d'huile d'olive
8 tomates cerises
3 oignons nouveaux
1 bouquet de persil
1 gousse d'ail
Sel, fleur de sel et poivre du moulin

Mettez la farine dans une jatte, faites un puits au centre et versez les œufs battus et le sel. Travaillez la pâte jusqu'à ce qu'elle soit lisse, puis ajoutez le lait tout en battant. Réservez 2 heures au frais.
Faites chauffer le beurre dans une casserole jusqu'à ce qu'il soit noisette et versez-le dans la pâte. Remuez et faites cuire les crêpes à la poêle avec un peu de beurre. Réservez-les au chaud.
Cassez les œufs délicatement dans des tasses et versez-les d'un coup dans une casserole d'eau frémissante salée. Laissez cuire 3 minutes sans prendre l'ébullition et rafraîchissez-les dans une jatte d'eau froide. Ébarbez-les, donnez-leur une jolie forme et réservez-les dans l'eau froide.
Nettoyez les champignons et coupez les pieds terreux. Faites-les sauter à la poêle dans l'huile d'olive jusqu'à ce que l'eau de végétation soit évaporée. Ajoutez les tomates cerises, la gousse d'ail écrasée et les oignons frais pelés et émincés. Poursuivez la cuisson pendant 5 minutes à feu doux, ajoutez 2 cuillerées à soupe de persil ciselé et assaisonnez de sel et de poivre. Réservez au chaud.
Dressez quatre grandes crêpes dans des assiettes chaudes et formez un creux au centre en les pliant. Répartissez les champignons dans les crêpes et posez dessus les œufs mollets que vous aurez réchauffés dans de l'eau frémissante pendant 1 minute. Donnez un tour de moulin à poivre et une pincée de fleur de sel et décorez de quelques pluches de persil ciselé.

Crêpes au roquefort et poires williams

Pour 4 personnes

Temps de préparation : 15 minutes
Temps de repos : 2 heures
Temps de cuisson : 20 minutes

Pour la pâte

250 g de farine
4 œufs
1 pincée de sel
1/2 l de lait
50 g de beurre

Pour la garniture

2 belles poires Williams
150 g de sucre
20 g de beurre
150 g de roquefort
10 cl de crème liquide
20 g de farine
20 cl de lait
Noix muscade
Sel et poivre du moulin

Versez la farine dans une jatte, faites un puits au centre et versez les œufs battus et le sel. Travaillez la pâte jusqu'à ce qu'elle soit lisse, puis ajoutez le lait tout en battant. Réservez 2 heures au frais.
Versez le sucre dans 1/2 litre d'eau et faites-y pocher les poires pelées, épépinées et coupées en deux, pendant 15 minutes à petite ébullition. Laissez-les refroidir dans le sirop.
Faites chauffer le beurre dans une casserole jusqu'à ce qu'il soit noisette et versez-le dans la pâte. Remuez et faites cuire les crêpes à la poêle avec un peu de beurre. Réservez-les au chaud.
Faites fondre le roquefort émietté dans la crème légèrement chauffée.
Faites fondre le beurre dans une casserole, ajoutez la farine et laissez cuire jusqu'à coloration blonde. Versez le lait d'un seul coup et laissez épaissir doucement sur le feu réduit. Ajoutez la crème de roquefort, parfumez d'une pincée de muscade et rectifiez l'assaisonnement en sel et poivre.
Préchauffez le four à 210 °C (th. 7).
Déposez, au centre des crêpes, une demi-poire pochée, couvrez-la de crème au roquefort et repliez les bords. Posez les crêpes dans un plat à four beurré et faites-les gratiner sous la rampe du four pendant 5 à 7 minutes.

Ficelles picardes

Pour 4 personnes

Temps de préparation : 15 minutes
Temps de repos : 2 heures
Temps de cuisson : 40 minutes

Pour la pâte

250 g de farine
4 œufs
1 pincée de sel
1/2 l de lait
50 g de beurre

Pour la garniture

80 g de beurre
40 g de farine
25 cl de lait
4 tranches de jambon blanc
10 cl de crème fraîche épaisse
150 g d'emmental râpé
3 oignons
100 g de champignons de Paris
10 g de sucre roux
Sel et poivre du moulin

Mettez la farine dans une jatte, faites un puits au centre et versez les œufs battus et le sel. Travaillez la pâte jusqu'à ce qu'elle soit lisse, puis ajoutez le lait tout en battant. Réservez 2 heures au frais.
Faites chauffer le beurre dans une casserole jusqu'à ce qu'il soit noisette et versez-le dans la pâte. Remuez et faites cuire quatre grandes crêpes à la poêle avec un peu de beurre. Réservez-les au chaud.
Faites fondre 40 grammes de beurre dans une casserole, ajoutez la farine et quand le roux est blond, versez le lait d'un coup. Laissez épaissir, salez, poivrez et ajoutez la crème épaisse et 100 grammes de fromage râpé (la béchamel ne doit pas être liquide).
Faites revenir les oignons émincés dans le reste de beurre avec les champignons coupés en lamelles. Quand ils sont bien dorés, saupoudrez-les de sucre roux, assaisonnez de sel et de poivre, puis incorporez-les à la béchamel.
Couvrez chaque crêpe d'une couche de béchamel, masquez d'une tranche de jambon et roulez serré comme une « ficelle ».
Déposez les ficelles dans un plat à gratin, couvrez du reste de béchamel et parsemez de fromage râpé.
Passez au four 15 minutes et servez très chaud.

Filets de bar en habits de crêpes

Pour 4 personnes

Temps de préparation : 15 minutes
Temps de repos : 2 heures
Temps de cuisson : 40 minutes

Pour la pâte

250 g de farine
4 œufs
1 pincée de sel
1/2 l de lait
50 g de beurre

Pour la garniture

2 échalotes
15 cl de vin blanc
130 g de beurre
4 filets de bar
Quelques brins de cerfeuil
1 citron
Sel et poivre du moulin

Mettez la farine dans une jatte, faites un puits au centre et versez les œufs battus et le sel. Travaillez la pâte jusqu'à ce qu'elle soit lisse, puis ajoutez le lait tout en battant. Réservez 2 heures au frais.

Faites chauffer le beurre dans une casserole jusqu'à ce qu'il soit noisette et versez-le dans la pâte. Remuez et faites cuire quatre grandes crêpes à la poêle avec un peu de beurre. Réservez-les au chaud.

Pelez et émincez les échalotes. Faites-les cuire dans le vin blanc jusqu'à ce que le liquide soit presque complètement réduit.

Montez la sauce en incorporant 100 grammes de beurre froid en petites parcelles tout en fouettant. Quand la sauce est au point, réservez-la au chaud.

Assaisonnez les filets de sel et poivre. Parsemez de cerfeuil ciselé et emballez-les dans les crêpes. Faites fondre le reste de beurre dans une poêle anti-adhésive et laissez dorer les filets à feu doux 5 minutes sur chaque face.

Arrosez-les de jus de citron et dressez-les sur des assiettes chaudes. Entourez d'un cordon de sauce et décorez de quelques sommités de cerfeuil.

Carpaccio de bœuf et crêpes de froment à l'huile d'olive

Pour 4 personnes

Temps de préparation : 15 minutes
Temps de repos : 2 h 20
Temps de congélation : 30 minutes
Temps de cuisson : 40 minutes

Pour la pâte

250 g de farine
4 œufs
1 pincée de sel
1/2 l de lait
5 cl d'huile d'olive

Pour la garniture

400 g de filet de bœuf
10 cl d'huile d'olive
1 citron
100 g de parmesan
Quelques feuilles de basilic
Quelques pignons de pin
Sel et poivre du moulin

Mettez la farine dans une jatte, faites un puits au centre et versez les œufs battus et le sel. Travaillez la pâte jusqu'à ce qu'elle soit lisse, puis ajoutez le lait tout en battant. Réservez 2 heures au frais.
Réservez le filet de bœuf au congélateur pendant 30 minutes pour qu'il durcisse un peu.
Versez l'huile d'olive dans la pâte et émulsionnez au fouet. Faites cuire quatre grandes crêpes à la poêle avec un peu d'huile.
Réservez-les au frais couvertes d'un film pour qu'elles ne se dessèchent pas.
Tranchez le bœuf en fines lamelles et répartissez-le sur les crêpes, puis déposez-les sur des grandes assiettes.
Mélangez l'huile d'olive et le jus du citron et arrosez la viande de ce mélange. Laissez reposer 20 minutes au frais.
Servez les assiettes de carpaccio avec des copeaux de parmesan levés à l'économe et décorez de quelques feuilles de basilic et de pignons de pin.

CRÊPES SUCRÉES

Crêpes au nougat glacé et beurre salé

Pour 4 personnes

Temps de préparation : 15 minutes
Temps de congélation : 6 heures
Temps de repos : 2 heures
Temps de cuisson : 40 minutes

Pour la pâte

250 g de farine
4 œufs
30 g de sucre
1 pincée de sel
1/2 l de lait
50 g de beurre demi-sel

Pour la garniture

50 g de sucre en poudre
25 g de glucose
100 g de miel liquide
4 blancs d'œufs
50 cl de crème fleurette
150 g de fruits confits
75 g d'amandes effilées grillées
Sucre glace

Dans une casserole en cuivre, faites cuire le sucre, le glucose et le miel avec un peu d'eau jusqu'à 120 °C. Stoppez la cuisson et versez sans attendre sur les blancs d'œufs montés en neige ferme. Laissez refroidir ce mélange tout en battant. Incorporez la crème fraîche légèrement battue, puis les fruits confits coupés en petits morceaux et les amandes grillées. Versez dans un moule à manqué et placez au congélateur pour 6 heures.

Versez la farine dans une jatte, faites un puits au centre et versez les œufs battus avec le sucre et le sel. Travaillez la pâte jusqu'à ce qu'elle soit lisse, puis ajoutez le lait tout en battant.

Réservez 2 heures au frais.

Faites chauffer le beurre dans une casserole jusqu'à ce qu'il soit noisette et versez-le dans la pâte. Mélangez au fouet et faites cuire les crêpes à la poêle avec un peu de beurre. Réservez-les au frais emballées pour qu'elles restent souples.

Servez les crêpes roulées en cornet et fourrées de nougat glacé. Saupoudrez de sucre glace.

Pancakes au sirop d'érable et bleuets

Pour 4 personnes

Temps de préparation : 15 minutes
Temps de repos : 1 heure
Temps de cuisson : 20 minutes

Pour la pâte

250 g de farine
1 pincée de sel fin
30 g de sucre en poudre
3 œufs frais
1/2 sachet de levure chimique
40 cl de lait
30 g de beurre
5 cl d'huile de tournesol

Pour la garniture

Sirop d'érable
200 g de bleuets (ou myrtilles)

Dans une jatte, mélangez la farine avec le sel et le sucre. Creusez en fontaine et battez 1 œuf entier et 2 jaunes au centre avec la levure. Faites tiédir le lait et faites fondre dedans le beurre coupé en petits morceaux. Versez en mince filet en ajoutant progressivement la farine au centre.
Laissez reposer pendant 1 heure à température ambiante.
Battez en neige souple les deux blancs restants et incorporez-les à la pâte à la spatule.
Huilez la poêle au pinceau et versez une petite louche de pâte pour faire une crêpe assez épaisse. Laissez cuire environ 2 minutes à feu doux jusqu'à ce que la pâte se détache.
Retournez et faites cuire l'autre face pendant 1 minute.
Arrosez les pancakes encore chauds de sirop d'érable et servez-les avec des bleuets ou des myrtilles.

Crêpes aux pommes noyées

Pour 4 personnes

Temps de préparation : 15 minutes
Temps de repos : 3 heures
Temps de cuisson : 40 minutes

Pour la pâte

250 g de farine
4 œufs
30 g de sucre
1 pincée de sel
1/2 l de lait
50 g de beurre

Pour la garniture

2 pommes reinettes
1 citron
50 g de beurre
50 g de sucre semoule
Quelques brins de romarin
1 pincée de sel

Mettez la farine dans une jatte, faites un puits au centre et versez les œufs battus avec le sucre et le sel. Travaillez la pâte jusqu'à ce qu'elle soit lisse, puis ajoutez le lait tout en battant.
Réservez 2 heures au frais.
Faites chauffer le beurre dans une casserole jusqu'à ce qu'il soit noisette et versez-le dans la pâte.
Lavez les pommes, mais ne les pelez pas. Coupez-les en très fines tranches (de l'épaisseur de la crêpe) et arrosez-les de jus de citron pour éviter qu'elles ne noircissent. Disposez les rondelles de pommes en rond dans une poêle avec 15 grammes de beurre et faites-les doucement cuire pendant 3 à 4 minutes. Saupoudrez de sucre, de quelques brins de romarin et de 1 pincée de sel, puis versez une louche de pâte dessus. Faites cuire à feu doux jusqu'à ce que le dessus soit bien pris et retournez-la délicatement. Dressez dans des assiettes et réservez au chaud pendant la préparation des suivantes. Décorez d'un brin de romarin et servez les crêpes tièdes.

Crêpes soufflées aux fruits confits

Pour 4 personnes

Temps de préparation : 15 minutes
Temps de repos : 2 heures
Temps de cuisson : 40 minutes

Pour la pâte

250 g de farine
4 œufs
30 g de sucre
1 pincée de sel
1/2 l de lait
50 g de beurre

Pour la garniture

3 blancs d'œufs
1 pincée de sel
15 g de sucre semoule
200 g de crème pâtissière
150 g de fruits confits
Sucre glace

Mettez la farine dans une jatte, faites un puits au centre et versez les œufs battus avec le sucre et le sel. Travaillez la pâte jusqu'à ce qu'elle soit lisse, puis ajoutez le lait tout en battant.

Réservez 2 heures au frais.

Faites chauffer le beurre dans une casserole jusqu'à ce qu'il soit noisette et versez-le dans la pâte. Mélangez au fouet et faites cuire les crêpes à la poêle avec un peu de beurre. Réservez-les au frais.

Montez les blancs en neige avec une pincée de sel et, quand ils sont bien fermes, ajoutez le sucre tout en battant pour les serrer.

Incorporez les blancs à la spatule dans la crème pâtissière et ajoutez les fruits confits coupés en petits dés.

Préchauffez le four à 220 °C (th. 7-8).

Posez 3 bonnes cuillerées à soupe de crème sur les crêpes (la quantité est suffisante pour en faire huit). Roulez-les et maintenez-les avec deux tours de ficelle pour qu'elles ne s'ouvrent pas à la cuisson. Incisez le dessus de chaque crêpe pour qu'elles puissent gonfler et déposez-les sur une plaque à four.

Passez au four chaud 15 minutes, jusqu'à ce que les crêpes soient bien dorées et gonflées. Servez immédiatement : les soufflés n'attendent jamais !

Crêpes aux mandarines et Grand Marnier

Pour 4 personnes

Temps de préparation : 15 minutes
Temps de repos : 2 heures
Temps de cuisson : 40 minutes

Pour la pâte

250 g de farine
4 œufs
30 g de sucre
1 pincée de sel
1/2 l de lait
50 g de beurre

Pour la garniture

4 mandarines
10 cl de Grand Marnier
30 g de beurre
3 blancs d'œufs
1 pincée de sel
15 g de sucre semoule
200 g de crème pâtissière

Mettez la farine dans une jatte, faites un puits au centre et versez les œufs battus avec le sucre et le sel. Travaillez la pâte jusqu'à ce qu'elle soit lisse, puis ajoutez le lait tout en battant.
Réservez 2 heures au frais.
Levez le zeste de 2 mandarines et détaillez-les en fine julienne. Faites-les blanchir 30 secondes dans l'eau bouillante, puis faites-les confire à feu très doux dans 5 centilitres de Grand Marnier. Réservez.
Levez les quartiers des mandarines et faites-les doucement poêler dans le beurre pendant 10 minutes.
Faites chauffer le beurre dans une casserole jusqu'à ce qu'il soit noisette et versez-le dans la pâte. Mélangez au fouet et faites cuire les crêpes à la poêle avec un peu de beurre. Réservez-les au frais.
Montez les blancs en neige avec 1 pincée de sel, et, quand ils sont bien fermes, ajoutez le sucre tout en battant pour les serrer.
Incorporez les blancs à la spatule dans la crème pâtissière et ajoutez 2 cuillerées à soupe de Grand Marnier.
Préchauffez le four à 220 °C (th. 7-8).
Pliez les crêpes en deux et déposez les quartiers de mandarine au centre. Couvrez d'appareil à soufflé et rabattez les crêpes en quart. Déposez-les sur une plaque à four (ou dans des assiettes) et faites-les cuire pendant 15 minutes en surveillant la coloration.
Décorez de zestes de mandarines confits et servez dès la sortie du four les crêpes bien dorées et gonflées avant qu'elles ne retombent !

Crêpes aux amandes

Pour 4 personnes

Temps de préparation : 15 minutes
Temps de repos : 2 heures
Temps de cuisson : 40 minutes

Pour la pâte

250 g de farine
4 œufs
30 g de sucre
1 cuillerée à soupe d'amaretto
1 pincée de sel
1/2 l de lait
50 g de beurre

Pour la garniture

40 g de d'amandes en poudre
250 g de crème pâtissière
30 g de beurre
1 cuillerée à soupe de miel
50 g d'amandes effilées
Sucre glace

Mettez la farine dans une jatte, faites un puits au centre et versez les œufs battus avec le sucre, l'amaretto et le sel. Travaillez la pâte jusqu'à ce qu'elle soit lisse, puis ajoutez le lait tout en battant.
Réservez 2 heures au frais.
Faites chauffer le beurre dans une casserole jusqu'à ce qu'il soit noisette et versez-le dans la pâte. Mélangez au fouet et faites cuire les crêpes à la poêle avec un peu de beurre. Réservez-les au frais.
Mélangez la poudre d'amandes et la crème pâtissière. Garnissez le centre des crêpes de ce mélange et repliez-les en carrés.
Préchauffez le four à 240 °C (th. 8).
Faites fondre à four chaud le beurre et miel dans une tasse.
Badigeonnez le dessus de la crêpe de ce beurre bien mélangé et parsemez d'amandes effilées.
Saupoudrez de sucre glace et passez les crêpes sous la rampe du four pendant 5 minutes pour glacer la surface (attention de ne pas les laisser brûler).
A la sortie du four, dressez-les sur des assiettes de service et saupoudrez-les à nouveau d'un voile de sucre glace avant de servir.

Crêpes aux griottes

Pour 4 personnes

Temps de préparation : 15 minutes
Temps de repos : 3 heures
Temps de cuisson : 40 minutes

Pour la pâte

250 g de farine
4 œufs
30 g de sucre
1 pincée de sel
1/2 l de lait
50 g de beurre

Pour la garniture

400 g de griottes (ou de cerises de Montmorency)
250 g de marmelade d'orange
50 g de sucre glace

Mettez la farine dans une jatte, faites un puits au centre et versez les œufs battus avec le sucre et le sel. Travaillez la pâte jusqu'à ce qu'elle soit lisse, puis ajoutez le lait tout en battant. Réservez 2 heures au frais.
Équeutez et dénoyautez les cerises, puis coupez-les en deux. Posez-les quelques minutes sur un linge ou un papier absorbant pour qu'elles rendent leur jus, puis incorporez-les à la pâte.
Laissez reposer encore 1 heure.
Faites chauffer le beurre dans une casserole jusqu'à ce qu'il soit noisette et versez-le dans la pâte. Mélangez au fouet et faites cuire les crêpes à la poêle avec un peu de beurre.
Nappez-les de 1 cuillerée à soupe de marmelade avant de les rouler et de les saupoudrez de sucre glace.
Au moment de servir, passez-les rapidement sous la rampe du four pour les glacer.

Flogniardes aux poires et pommes caramélisées

Pour 4 personnes

Temps de préparation : 15 minutes
Temps de repos : 3 heures
Temps de cuisson : 40 minutes

Pour la pâte

250 g de farine
4 œufs
30 g de sucre
1 pincée de sel
1/2 l de lait
1 cuillerée à soupe de calvados
50 g de beurre

Pour la garniture

2 pommes
2 poires
100 g de beurre
50 g de sucre semoule
1 pincée de noix muscade en poudre
1 pincée de sel
Sucre glace

Mettez la farine dans une jatte, faites un puits au centre et versez les œufs battus avec le sucre et le sel. Travaillez la pâte jusqu'à ce qu'elle soit lisse, puis ajoutez le lait et le calvados tout en battant.
Réservez 2 heures au frais.
Pelez les pommes et les poires et coupez-les en lamelles. Faites-les dorer à la poêle avec le beurre et un peu de sucre pour qu'elles caramélisent. Parsemez de muscade en poudre et de 1 pincée de sel. Procédez en plusieurs fois.
Faites chauffer le beurre dans une casserole jusqu'à ce qu'il soit noisette, versez-le dans la pâte et mélangez au fouet.
Faites chauffer la poêle graissée, versez une louche de pâte, et, hors du feu, déposez en rosace des lamelles de poires et de pommes intercalées. Versez sur les fruits une louche de pâte et faites cuire la crêpe à feu doux jusqu'à ce que le dessus soit bien pris.
Servez-vous d'une assiette pour retourner la crêpe qui est très fragile et poursuivez la cuisson pendant 2 minutes. Maintenez au chaud et faites cuire les autres crêpes. Saupoudrez d'un peu de sucre glace au moment de servir.

Aumônières de framboises et coulis de fruits rouges

Pour 4 personnes

Temps de préparation : 15 minutes
Temps de repos : 2 heures
Temps de cuisson : 40 minutes

Pour la pâte

250 g de farine
4 œufs
30 g de sucre
1 pincée de sel
1/2 l de lait
50 g de beurre

Pour la garniture

400 g de framboises
50 g de fraises
1 cuillerée à soupe de sucre glace
1/2 citron
100 g de crème pâtissière
Quelques brins de ciboulette

Mettez la farine dans une jatte, faites un puits au centre et versez les œufs battus avec le sucre et le sel. Travaillez la pâte jusqu'à ce qu'elle soit lisse, puis ajoutez le lait tout en battant.
Réservez 2 heures au frais.
Faites chauffer le beurre dans une casserole jusqu'à ce qu'il soit noisette et versez-le dans la pâte. Mélangez au fouet et faites cuire les crêpes à la poêle avec un peu de beurre. Réservez-les au frais.
Prélevez 100 grammes de framboises parmi les moins belles et réduisez-les en coulis au mixeur avec les fraises équeutées. Ajoutez le sucre glace et le jus de 1/2 citron, puis passez dans une passoire à grille fine.
Masquez les crêpes de crème pâtissière au centre et répartissez 200 grammes de framboises dessus. Refermez les aumônières en les liant d'un brin de ciboulette blanchie ou de raphia de couleur et dressez-les sur des assiettes à dessert.
Faites un cordon de coulis autour et décorez du reste de framboises. Servez très frais.

Gâteau de crêpes

Pour 4 personnes

Temps de préparation : 30 minutes
Temps de repos : 2 heures
Temps de réfrigération : 6 heures
Temps de cuisson : 15 minutes

Pour la pâte

125 g de farine
2 œufs
1 pincée de sel
40 cl de lait
10 g de beurre

Pour la garniture

150 g de fromage blanc
1 feuille de gélatine
3 œufs
50 g de sucre
2 poires au sirop
3 cl d'alcool de poire
100 g d'amandes effilées
1 cuillerée à soupe de sucre glace

Battez les œufs et mélangez-les avec la farine, le beurre fondu et 1 pincée de sel jusqu'à ce que le mélange soit bien lisse. Versez le lait progressivement tout en battant vigoureusement au fouet. Réservez 2 heures au frais.

Égouttez le fromage blanc dans une passoire fine.

Faites des crêpes très fines et blondes.

Faites tremper la feuille de gélatine. Versez les jaunes d'œufs et le sucre dans une jatte et faites chauffer au bain-marie tout en battant au fouet jusqu'à ce que mélange blanchisse et épaississe un peu. Faites dissoudre la gélatine dans un peu de sirop de poire chaud et incorporez-le avec l'alcool de poire au fromage égoutté.

Mélangez les jaunes et le fromage blanc au fouet, puis incorporez délicatement les blancs d'œufs montés en neige ferme avec 1 cuillerée à soupe de sucre.

Chemisez des petits moules avec une crêpe. Répartissez les poires coupées en petits cubes, quelques amandes grillées, puis l'appareil au fromage blanc. Rabattez la crêpe et laissez prendre 6 heures au froid. Servez le gâteau de crêpe entouré d'un cordon de sirop de poire et parsemé d'amandes grillées.

Crêpes Suzette

Pour 4 personnes

Temps de préparation : 30 minutes
Temps de repos : 2 heures
Temps de cuisson : 15 minutes

Pour la pâte

125 g de farine
30 g de sucre
1 pincée de sel
60 g de beurre
3 œufs
35 cl de lait

Pour la garniture

2 oranges
2 citrons
100 g de beurre
3 cuillerées à soupe de sucre glace
3 cuillerées à soupe de sucre en poudre
5 cl de rhum
2 cuillerées à soupe de curaçao

Mélangez la farine, le sucre, le beurre fondu et les œufs au fouet. Quand la pâte est parfaitement lisse, ajoutez peu à peu le lait avec une pincée de sel. Laissez reposer 2 heures au frais, puis faites cuire les crêpes.

Préchauffez le four à 210 °C (th. 7).

Levez le zeste des oranges et des citrons. Taillez-les en julienne et faites-les blanchir 30 secondes à l'eau bouillante, puis rafraîchissez-les. Mélangez le beurre mou avec le sucre glace, le jus de 1 orange et la moitié des zestes. Battez au fouet pour émulsionnez le mélange.

Étalez cette préparation sur les crêpes, pliez-les en quatre et disposez-les dans un plat. Mouillez avec le jus de la deuxième orange et saupoudrez avec le sucre en poudre et le reste des zestes.

Passez au four pendant 4 minutes.

Pendant ce temps, faites chauffer les alcools dans une petite casserole sans les faire bouillir. Flambez directement à table dans le plat de cuisson.

Crêpes au chocolat et à la banane

Pour 4 personnes

Temps de préparation : 15 minutes
Temps de repos : 2 heures
Temps de cuisson : 15 minutes

Pour la pâte

250 g de farine
4 œufs
30 g de sucre
1 pincée de sel
1/2 l de lait
50 g de beurre

Pour la garniture

4 bananes
1 citron
50 g de beurre
100 g de cacao en poudre
50 g de sucre

Mettez la farine dans une jatte, faites un puits au centre et versez les œufs battus avec le sucre et le sel. Travaillez la pâte jusqu'à ce qu'elle soit lisse, puis ajoutez le lait tout en battant.
Réservez 2 heures au frais.
Pelez les bananes, coupez-les en tronçons et citronnez-les pour éviter qu'elles ne noircissent. Faites-les rapidement sauter à la poêle avec 20 grammes de beurre et réservez-les au chaud.
Faites chauffer le beurre dans une casserole jusqu'à ce qu'il soit noisette et versez-le dans la pâte. Mélangez au fouet et versez une louche de pâte dans la poêle graissée. Pendant qu'elle cuit, saupoudrez la surface crue avec 2 cuillerées à soupe de cacao et 1 cuillerée à soupe de sucre en poudre. Posez la valeur de 1 banane au bord de la crêpe et roulez-la dans la poêle en forme de cigare (ou repliez-la sur elle même tout simplement). Finissez la cuisson, réservez au chaud et procédez de même avec les autres crêpes.
Versez le reste de beurre dans le poêle et faites réchauffer les crêpes ensemble pour que le chocolat soit bien liquide au centre. Servez sans attendre.

Flûtes de crêpe chocolat

Pour 4 personnes

Temps de préparation : 15 minutes
Temps de repos : 2 heures
Temps de cuisson : 15 minutes

250 g de farine
4 œufs
30 g de sucre
1 pincée de sel
1/2 l de lait
50 g de beurre
100 g de cacao en poudre

Mettez la farine dans une jatte, faites un puits au centre et versez les œufs battus avec le sucre et le sel. Travaillez la pâte jusqu'à ce qu'elle soit lisse, puis ajoutez le lait tout en battant.
Réservez 2 heures au frais.
Faites chauffer le beurre dans une casserole jusqu'à ce qu'il soit noisette et versez-le dans la pâte. Mélangez au fouet et versez une louche de pâte dans un bol. Délayez 4 cuillerées à soupe de cacao dans le bol et reversez dans la jatte. Faites cuire les crêpes très fines dans la poêle graissée avec du beurre clarifié à feu doux. Saupoudrez-les d'un peu de sucre et d'un voile de cacao avant de les roulez en forme de cigare (vous pouvez les couper en deux avant). Laissez-les sécher à l'air en les maintenant, si besoin, avec un ruban ou une ficelle de cuisine.
Servez ces flûtes de crêpes avec une glace vanille accompagnée d'une crème glacée chocolatée.

Crêpes aux figues et crème d'amandes

Pour 4 personnes

Temps de préparation : 15 minutes
Temps de repos : 2 heures
Temps de cuisson : 40 minutes

Pour la pâte

250 g de farine
4 œufs
1 pincée de sel
30 g de sucre
1/2 l de lait
50 g de beurre

Pour la garniture

180 g de beurre
150 g de sucre
150 g de poudre d'amandes
2 jaunes d'œufs
4 belles figues

Mettez la farine dans une jatte, faites un puits au centre et versez les œufs battus avec le sel et le sucre. Travaillez la pâte jusqu'à ce qu'elle soit lisse, puis ajoutez le lait tout en battant. Réservez 2 heures au frais.
Faites chauffer le beurre dans une casserole jusqu'à ce qu'il soit noisette et versez-le dans la pâte. Remuez et faites cuire quatre grandes crêpes à la poêle avec un peu de beurre. Réservez-les au chaud.
Faites fondre 150 grammes de beurre au micro-ondes dans une jatte. Ajoutez le sucre et la poudre d'amandes. Mélangez, puis incorporez les jaunes d'œufs. Préchauffez le four à 180 °C (th. 6).
Rabattez les bords des crêpes pour en faire des carrés, puis pincez-les (à l'aide de pince à linge en bois) pour former des moules de 3 centimètres de hauteur. Déposez-les sur une plaque à four et remplissez-les de crème d'amandes. Dressez les figues fendues en quatre au centre, badigeonnez-les du reste de beurre fondu au pinceau et enfournez pour 20 à 30 minutes de cuisson en surveillant la coloration.
Vérifiez la cuisson de la crème de la pointe d'un couteau qui doit ressortir sèche.

Millefeuilles de poires et crème de nougatine

Pour 4 personnes

Temps de préparation : 15 minutes
Temps de repos : 2 heures
Temps de cuisson : 40 minutes

Pour la pâte

250 g de farine
3 œufs
1 pincée de sel
100 g de sucre
1/2 l de lait
30 g de beurre

Pour la garniture

4 belles poires
300 g de sucre en poudre
400 g de fromage blanc ferme
100 g de nougatine
Noix muscade
1 cuillerée à soupe de sucre
40 g de beurre

Mettez la farine dans une jatte, faites un puits au centre et versez les œufs battus avec le sel, le sucre et le beurre fondu. Travaillez la pâte jusqu'à ce qu'elle soit lisse, puis ajoutez le lait tout en battant. Réservez 2 heures au frais.
Faites cuire les poires pelées dans un sirop fait de 300 grammes de sucre et de 1 litre d'eau jusqu'à ce qu'elles soient tendres, mais encore fermes.
Battez la pâte et faites cuire quatre grandes crêpes à la poêle avec un peu de beurre.
Taillez cinq disques dans chaque crêpe à l'aide d'un emporte-pièce et passez-les au four à 240 °C (th. 8) pendant 4 à 5 minutes. Réservez au chaud.
Poêlez les poires en lamelles dans le beurre et égouttez-les sur du papier absorbant.
Mélangez le fromage blanc bien égoutté avec la nougatine écrasée, une pointe de muscade et le sucre.
Montez les disques dans les assiettes en faisant des couches de poires et de crème de nougatine. Finissez par un disque de crêpe.
Faites une quenelle de fromage blanc sur l'assiette et nappez d'un cordon de sauce réalisée avec un peu de sirop et de fromage blanc dilué.

Corolles à la mousse de fraise

Pour 4 personnes

Temps de préparation : 15 minutes
Temps de repos : 2 heures
Temps de cuisson : 40 minutes

Pour la pâte

250 g de farine
4 œufs
1 pincée de sel
30 g de sucre
1/2 l de lait
50 g de beurre

Pour la garniture

3 grandes feuilles de gélatine
500 g de fraises
1/2 citron
200 g de fromage blanc ferme
50 g de sucre en poudre
15 cl de crème fleurette
2 cuillerées à soupe de sucre glace
Quelques feuilles de menthe

Faites ramollir les feuilles de gélatine dans l'eau froide. Équeutez et passez au mixeur 300 grammes de fraises avec le jus de citron. Prélevez un quart de la purée de fruits et faites-le chauffer à feu doux dans une casserole. Incorporez les feuilles de gélatine bien essorées et remuez. Versez la préparation dans une jatte avec le fromage frais. Ajoutez le sucre, mélangez et réservez au frais.
Mettez la farine dans une jatte, faites un puits au centre et versez les œufs battus et le sel. Travaillez la pâte jusqu'à ce qu'elle soit lisse, puis ajoutez le lait tout en battant. Réservez 2 heures au frais.
Faites chauffer le beurre dans une casserole jusqu'à ce qu'il soit noisette et versez-le dans la pâte. Remuez et faites cuire quatre grandes crêpes à la poêle avec un peu de beurre. Réservez-les au frais.
Montez la crème fleurette en chantilly en incorporant le sucre glace quand elle commence à prendre, puis mélangez-la avec la purée de fruits à la spatule.
Pliez les crêpes en corolles et dressez-les dans des coupes ou des verres. Garnissez-les de mousse de fraise et parsemez de petits morceaux de fruits frais. Décorez d'une feuille de menthe et accompagnez-les de fraises fraîches.

Crêpes dentelles

Pour 4 personnes

Temps de préparation : 15 minutes
Temps de repos : 1 heure
Temps de cuisson : 40 minutes

250 g de farine
150 g de sucre
1 pincée de sel
1 citron
2 œufs
65 g de beurre
60 cl de lait
30 g de sucre glace

Dans une terrine, réunissez la farine, le sucre, le jus du citron et les œufs. Travaillez la pâte jusqu'à ce qu'elle soit lisse, puis ajoutez le beurre fondu et le lait tout en battant.
Réservez 1 heure au frais.
Faites cuire des crêpes fines, à feu vif, dans une poêle anti-adhésive légèrement graissée, 1 minute sur chaque face pour qu'elles restent bien blondes.
Roulez-les au fur et à mesure sur un manche en bois et laissez-les sécher en forme de cornet.
Servez-les encore tièdes saupoudrées de sucre glace ou rangez-les dans une boîte en fer où elles se conserveront quelques jours.

Crêpes de châtaignes et marrons glacés

Pour 4 personnes

Temps de préparation : 15 minutes
Temps de repos : 4 heures
Temps de cuisson : 40 minutes

Pour la pâte

50 g de beurre
3 œufs
30 g de sucre
1 pincée de sel
40 cl de lait
3 cuillerées à soupe d'huile de pépins de raisin
50 g de farine de blé
75 g de farine de châtaignes

Pour la garniture

20 cl de crème fleurette
30 g de sucre glace
250 g de crème de marrons
100 g de brisures de marrons glacés

Faites chauffer le beurre dans une casserole jusqu'à ce qu'il soit noisette et laissez-le tiédir.
Battez les œufs dans une jatte avec le sucre, puis ajoutez le lait, le beurre noisette, l'huile et enfin les farines. Travaillez la pâte jusqu'à ce qu'elle soit lisse. Réservez 4 heures au frais.
Remuez et faites cuire quatre grandes crêpes à la poêle avec un peu de beurre. Réservez-les emballées dans un papier d'aluminium pour qu'elles ne dessèchent pas.

Fouettez la crème fleurette jusqu'à ce qu'elle commence à prendre consistance, ajoutez le sucre glace et poursuivez quelques minutes pour qu'elle soit bien ferme.
Versez la moitié de la crème chantilly dans un bol avec la crème de marrons et mélangez.
Dressez les crêpes de châtaignes dans des assiettes, garnissez-les de quenelles de crème de marrons et de quenelles de chantilly.
Décorez de quelques marrons glacés et servez sans attendre.

CRÊPES
DU MONDE

Parathas aux épinards et gingembre

Pour 4 personnes

Temps de préparation : 30 minutes
Temps de repos : 1 heure
Temps de cuisson : 30 minutes

Pour la pâte

225 g de farine
1 pincée de sel
125 g de beurre

Pour la garniture

50 g de gingembre frais
1 boîte d'épinards cuits au naturel
50 g de beurre
1 cuillerée à café de cumin
1 cuillerée à café de gingembre en poudre
1/2 yaourt nature
Sel et poivre du moulin

Mélangez du bout des doigts la farine, le sel et 25 grammes de beurre. Ajoutez 5 centilitres d'eau froide et pétrissez jusqu'à obtenir une pâte molle (il peut être nécessaire de rajouter de l'eau). Fraisez la pâte pendant 10 minutes pour qu'elle soit lisse et élastique. Laissez reposer 1 heure.
Divisez la pâte en quatre et étalez-la en galettes rondes et fines. Enduisez-les de beurre ramolli, pliez en quatre et étalez au rouleau. Renouvelez les opérations encore une fois. Vous obtenez des galettes d'environ 15 centimètres.

Faites cuire les parathas dans une poêle légèrement graissée à feu doux pendant 3 minutes. Retournez-les et finissez la cuisson pendant 2 ou 3 minutes sur l'autre face. Enduisez de beurre et maintenez au chaud.
Pelez le gingembre et émincez-le finement. Faites fondre les lamelles de gingembre et les épinards hachés dans le beurre et laissez s'évaporer l'eau de végétation. Assaisonnez de sel, de poivre et des épices. Quand les épinards sont cuits, ajoutez 1/2 yaourt pour que le mélange soit onctueux et servez-le en accompagnement des parathas.

Crêpes berbères aux dattes

Pour 4 personnes

Temps de préparation : 15 minutes
Temps de repos : 30 minutes
Temps de cuisson : 15 minutes

175 g de semoule de blé dur fine
15 g de levure de boulanger sèche (briochin)
1 cuillerée à soupe d'huile d'olive
2 cuillerées à café de sucre
5 cl de lait
150 g de dattes
4 cuillerées à soupe de miel liquide

Versez la semoule dans une jatte avec la levure, mélangez. Ajoutez l'huile d'olive et le sucre, puis versez peu à peu de l'eau froide jusqu'à ce que la pâte soit fluide (environ 25 centilitres). Versez alors le lait, remuez et couvrez d'un linge. Réservez 30 minutes à température ambiante.
Dénoyautez les dattes et coupez-en cinq en tous petits cubes.

Mélangez à nouveau la pâte avec les dés de datte et faites cuire des crêpes de 10 à 15 centimètres de diamètre dans une poêle bien chaude graissée d'un peu d'huile.
Disposez-les au fur et à mesure sur une assiette posée sur une casserole d'eau chaude qui les maintiendra au chaud.
Dressez les crêpes dans les assiettes de service, répartissez les dattes et nappez de miel liquide.

Tacos de maïs et guacamole

Pour 4 personnes

Temps de préparation : 45 minutes
Temps de repos : 1 heure
Temps de cuisson : 40 minutes

Pour la pâte

1 pincée de sel
300 g de farine de maïs
3 cuillerées à soupe d'huile

Pour la garniture

3 avocats bien mûrs
1/2 citron
2 tomates
1 oignon
2 cuillerées à soupe de crème fraîche
1 cuillerée à café de sauce chili
Sel

Mettez la farine et le sel dans une jatte, versez progressivement 15 centilitres d'eau froide tout en battant à la spatule. Travaillez la pâte, à la main, jusqu'à ce qu'elle soit souple et se détache des parois. Couvrez d'un linge humide et réservez 1 heure.
Abaissez la pâte finement au rouleau et découpez, à l'emporte pièces, des galettes de 10 à 12 centimètres de diamètre. Faites cuire les tacos badigeonnés au pinceau d'huile d'olive dans une poêle anti-adhésive non graissée, 1 à 2 minutes de chaque côté. Réservez-les emballés dans un papier d'aluminium.
Prélevez la chair des avocats et écrasez-la à la fourchette avec le jus de 1/2 citron. Faites bouillir une casserole d'eau et plongez-y les tomates, incisée en croix, pendant 15 secondes. Pelez-les, épépinez-les et hachez la chair de 1 tomate au couteau. Coupez la seconde en petits dés. Épluchez l'oignon et émincez-le finement. Réunissez les éléments dans un bol et mélangez avec la crème fraîche et la sauce chili.
Rectifiez l'assaisonnement et couvrez avec un film alimentaire avant de réservez au frais. Servez dans les galettes de maïs avec une sauce aux tomates fraîches concassées relevée de purée de piment.

Pancakes aux herbes

Pour 4 personnes

Temps de préparation : 15 minutes
Temps de repos : 1 heure
Temps de cuisson : 20 minutes

Quelques brins de persil plat
Quelques brins d'estragon
Quelques brins de ciboulette
250 g de farine
1/2 sachet de levure chimique
1 pincée de sel fin
3 œufs frais
30 g de beurre
40 cl de lait

Lavez les herbes et ciselez la valeur de 3 cuillerées à soupe de persil, 2 cuillerées à soupe d'estragon et 3 cuillerées à soupe de ciboulette.
Dans une jatte, mélangez la farine et le sel. Creusez en fontaine et battez 1 œuf entier et 2 jaunes au centre avec la levure. Faites tiédir le lait et faites fondre dedans le beurre coupé en petits morceaux. Versez en mince filet en incorporant progressivement la farine au centre. Ajoutez les herbes ciselées et laissez reposer pendant 1 heure à température ambiante.
Battez en neige souple les deux blancs restants et incorporez-les à la pâte à la spatule. Huilez la poêle au pinceau et versez une petite louche de pâte pour faire une crêpe assez épaisse. Laissez cuire environ 2 minutes à feu doux jusqu'à ce que la pâte se détache. Retournez et faites cuire l'autre face pendant 1 minute.
Servez les pancakes tièdes en accompagnement d'un poisson poêlé (avec le saumon, vous pouvez remplacez le persil par de l'aneth ciselée) ou poché.

Galettes islandaises au beurre salé

Pour 4 personnes

Temps de préparation : 15 minutes
Temps de repos : 12 heures
Temps de cuisson : 20 minutes

20 cl de lait
250 g de farine
1 cuillerée à café de levure chimique
1 pincée de sel
2 cuillerées à café de sucre
50 g de beurre salé

Faites chauffer le lait à feu doux dans une casserole. Versez-le dans une jatte et incorporez 150 grammes de farine, la levure en poudre, le sel et le sucre. Travaillez vigoureusement, puis ajoutez le reste de farine en pétrissant du bout des doigts jusqu'à ce que la pâte soit ferme et souple. Divisez le pâton en deux boudins et réservez au frais pendant 12 heures.
Coupez les boudins en quatre et formez des petites boules aplaties.
Étalez les boules en très fines galettes avec un rouleau à pâtisserie en les poudrant d'un voile de farine. Pliez-les en deux et faites une incision en triangle au centre. Pliez-les dans l'autre sens et recommencez l'opération pour obtenir une croix au centre. Faites cuire les galettes à la poêle avec un peu de beurre 3 minutes sur chaque face jusqu'à ce qu'elles soient bien dorées et gonflées.
Tartinez-les de beurre salé au fur et à mesure et maintenez-les au chaud.
Dégustez ces crêpes, à la mode nordique, avec des harengs marinés, ou, tout simplement, avec une confiture.

Crêpes au sésame et canard laqué

Pour 4 personnes

Temps de préparation : 30 minutes
Temps de repos : 1 heure
Temps de cuisson : 40 minutes

Pour la pâte

450 g de farine
2 cuillerées à soupe d'huile de sésame
1 cuillerée à soupe de sucre
1 pincée de sel
3 cuillerées à soupe de graines de sésame

Pour la garniture

4 filets de canard
3 cuillerées à soupe de cassonade
2 cuillerées à soupe d'épices pour canard laqué (épicerie orientale)
12 oignons nouveaux
1 concombre
Sauce Hoi-sin
Sel et poivre du moulin

Faites dissoudre la cassonade, les épices et 1/2 cuillerée à café de sel dans 3 ou 4 cuillerées à soupe d'eau chaude. Badigeonnez bien la peau des filets de canard de cette préparation et laissez-les sécher 1 heure. Répétez cette opération une fois.
Préchauffez le four à 210 °C (th. 7) pendant 15 minutes. Enfournez les filets de canard sur une grille (peau vers le haut) avec une lèchefrite dessous pour récupérer le jus de cuisson. Faites cuire pendant 20 minutes sans ouvrir la porte du four.
Pendant ce temps, préparez les crêpes traditionnelles : tamisez la farine dans une jatte. Faites bouillir 30 centilitres d'eau, et, hors du feu, ajoutez 1 cuillerée à soupe d'huile et le sucre. Versez doucement sur la farine en remuant, d'abord avec une spatule, puis avec les mains. Travaillez cette pâte jusqu'à ce qu'elle soit ferme. Divisez-la en deux gros rouleaux que vous coupez en 24 rondelles égales. Aplatissez-les de la paume en forme de disques et badigeonnez la moitié des disques d'huile de sésame et de quelques graines de sésame. Recouvrez-les des 12 disques restants. Vous obtenez 12 doubles crêpes. Étendez-les au rouleau à pâtisserie à un diamètre d'environ 13 centimètres. Faites-les cuire vivement sans matière grasse dans une poêle anti-adhésive 2 minutes sur chaque face. Hors de la poêle, séparez-les délicatement et réservez-les au chaud sous une serviette humide.
Pelez les oignons et émincez-les ainsi que le concombre en bâtonnets de 5 centimètres de long.
Coupez les filets en fines tranches et présentez-les sur un plat. Dressez à part les crêpes dans une serviette (vous pouvez les réchauffer à la vapeur ou au micro-ondes), les légumes émincés et la sauce Hoi-sin dans de petits bols individuels.

Tortillas aux légumes piquants et carne

Pour 4 personnes

Temps de préparation : 45 minutes
Temps de repos : 1 h 30
Temps de cuisson : 40 minutes

Pour la pâte

250 g de farine de maïs
250 g de farine de blé
1 pincée de sel
3 cuillerées à soupe d'huile d'olive

Pour la garniture

1 sachet d'épices à fajitas
400 g de rumsteck
1 poivron rouge
1 poivron vert
2 oignons nouveaux
5 cl d'huile d'olive
200 g de guacamole
20 cl de crème fraîche épaisse
Sel et poivre du moulin

Mettez les farines et le sel dans une jatte ; versez progressivement 30 centilitres d'eau froide tout en battant au fouet. Travaillez la pâte jusqu'à ce qu'elle soit souple et se détache des parois. Couvrez d'un linge humide et réservez 1 heure.

Divisez la pâte en petites boules de 40 grammes environ et aplatissez-les le plus finement possible. Faites cuire les tortillas dans une galétière graissée d'huile d'olive 1 à 2 minutes de chaque côté (elles doivent rester très blanches). Réservez-les au chaud, emballées dans du papier d'aluminium.

Diluez le sachet d'épices à fajitas dans un peu d'eau froide jusqu'à ce que le mélange soit fluide. Découpez le rumsteck en fines lamelles et faites-les mariner dans la sauce pendant 30 minutes.

Émincez les poivrons et les oignons en fines lanières et faites-les doucement fondre dans 5 centilitres d'huile d'olive. Remplacez-les par les lamelles de viande et faites-les sauter à feu vif pendant 5 minutes. Réunissez tous les ingrédients dans la poêle et finissez la cuisson à feu doux.

Posez les tortillas sur des assiettes chaudes et répartissez les ingrédients au centre. Repliez les galettes pour enserrer la viande et servez-les accompagnées de guacamole et de crème fraîche.

Chapati au tandoori de poulet et légumes

Pour 4 personnes

Temps de préparation : 30 minutes
Temps de repos : 6 h 20
Temps de cuisson : 30 minutes

Pour la pâte

225 g de farine de blé complet
1 pincée de sel
30 g de beurre

Pour la garniture

3 blancs de poulet
4 cuillerées à soupe de pâte tandoori
4 cuillerées à soupe d'huile d'olive
1 citron
30 g de beurre
300 g de petites aubergines
4 oignons blancs frais
1 cuillerée à soupe de cumin
1 pincée de sel

Pour la sauce

Chutney de mangue

Coupez le poulet en lanières et versez-les dans une jatte. Enduisez-les d'un mélange de pâte tandoori, de 2 cuillerées à soupe d'huile et du jus du citron. Laissez reposer pendant 6 heures.
Versez la farine dans une jatte avec une pincée de sel. Faites un puits au centre, versez 10 centilitres d'eau et mélangez à la main. Ajoutez 5 centilitres d'eau et pétrissez pendant 5 à 10 minutes jusqu'à ce que la pâte devienne souple.
Réservez la pâte dans un grand bol couvert d'un linge et laissez reposer pendant 20 minutes.
Divisez la pâte en huit morceaux et aplatissez-les le plus finement possible en disques de la taille d'assiettes à dessert. Faites cuire dans une poêle anti-adhésive sans matière grasse à feu modéré jusqu'à l'apparition de points foncés sur le dessus. Retournez la galette et finissez la cuisson pendant 1 minute. Enduisez de beurre fondu et maintenez au chaud.
Faites griller les morceaux de poulet à peine égouttés sous la rampe du four. Faites sauter les aubergines à la poêle avec le cumin dans le reste d'huile d'olive. Fendez en deux ou en quatre les oignons frais.
Servez le poulet et les légumes dans les chapati avec un peu de chutney.

Naan au curry de crevettes

Pour 4 personnes

Temps de préparation : 40 minutes
Temps de repos : 2 heures
Temps de cuisson : 40 minutes

Pour la pâte

500 g de farine de blé complet
1 cuillerée à soupe de levure chimique
1 pincée de sel
5 cl de lait
2 cuillerées à café de sucre
25 g de beurre
1 œuf

Pour la garniture

2 oignons frais
2 gousses d'ail
2 cuillerées à soupe d'huile d'olive
2 cuillerées à soupe de pâte de curry
10 cl de bouillon de volaille
500 g de grosses crevettes
1 citron
1 cuillerée à soupe de graines de cumin
2 cuillerées à soupe de ciboule ciselée
Sel et poivre du moulin

Mélangez la farine, la levure et le sel dans une jatte. Ajoutez un peu d'eau pour faire une pâte ferme. Battez le lait, le sucre et l'œuf et ajoutez-les à la pâte. Pétrissez et laissez reposer 2 heures à couvert.
Faites revenir les oignons et l'ail hachés finement dans l'huile d'olive. Ajoutez la pâte de curry et le bouillon. Laissez mijoter 10 minutes pour épaissir un peu la sauce. Ajoutez les crevettes décortiquées et le jus de citron. Salez et laissez cuire 10 minutes.
Pétrissez la pâte et divisez-la en six. Abaissez les boules en galettes et étirez-les pour leur donner une forme oblongue. Parsemez de graines de cumin et faites-les cuire dans une poêle légèrement graissée jusqu'à ce que les naan soient dorés.
Parsemez le curry de crevettes de ciboule finement ciselée et servez-les avec les naan chauds.

Recettes : Bruno Ballureau
Photographies : Alain Muriot
Stylisme culinaire : Bruno Ballureau
Stylisme : Martine Muriot
Direction artistique : studio de création Flammarion
Mise en pages : Claude-Olivier Four

ISBN : 2-0820-1176-3
N° d'édition : FT1176-01
Dépôt légal : janvier 2004

www.editions.flammarion.com

Achevé d'imprimer en France
par l'imprimerie Pollina s.a., 85400 Luçon - n° L91689.